小学生の学力は「ノート」で伸びる!

全学年
全教科に
活用!

親野智可等
小学校教師生活23年

すばる舎

親野先生からのメッセージ

はじめに

ノートの書き方を身につけ
ノートと仲よくなれば
子どもは勉強が好きになり
学力が上がります。
親野智可等

小学生の学力は「ノート」で伸びる！　目次

第2章

親がノートを見るときに大切なことは？

第3章

親子で実践！「構造的」に書くノート術

第4章 低学年のうちに「書く力」が身につくコツ

第5章

「発展的ノート術」で子どもはどこまでも伸びる！

カバーデザイン　石間淳
カバーイラスト　matsu（マツモト　ナオコ）
編　集　協　力　井上佳世

第1章

子どもの学力は「ノート」でつくられる

1 小学生時代は ノートとの長い付き合いの第一歩

■「ノートに書く」ことこそ、学びのスタートライン

私は23年間、教師をやってきました。
たくさんの子どもたちを指導してきました。
その経験から、ノートの大切さを痛感しています。

ノートは勉強を効率よく進めるために大事です。
そして、子どもの学力を伸ばすためにも大事です。
さらには、ノートで子どもの人間力を伸ばすこともできるのです。

ひじょうに重要なものであるにもかかわらず、小学生向けのノート術は、これまでそれほど具体的に語られてきませんでした。

「ノート術」というと、受験対策に絞ったテクニックを思い浮かべる方が多いと思います。

でも、そういった特殊な使い方ではなく、**ごく普通の学校の授業がもっとよく吸収できるように、ごく普通の子どもがもっと勉強に興味を持てるように、教育の現場から提案できることがたくさんある**のです。

言うまでもなく、学校の授業ではノートをとてもよく使います。

教科書や黒板の問題を写したり、自分の考えを書いたり、正解を書き写したり、漢字の練習をしたり、計算の練習をしたり……。

すべて、ノートがなくては始まりません‼

「ノートに書く」ということは、「勉強の基本」なのです。

■急速に伸びる6年間を支えるために

大人にはわかりづらいのですが、「書く」ということは、子どもにとって大変な作業です。黒板の文字を写すことひとつとっても、重労働です。

かりに1年生が、黒板の「きょうは、はれです」という文をノートに写すとします。まず、「き」と書いて、また黒板を見て、「ょ」。また黒板を見て、「う」。黒板とノートを交互に見て、一生懸命写していきます。

なかには、「き」のあとに、大きな「よ」を書いてしまう子もいます。「あ、違ったぁ～」と気づいて、あわてて消しゴムで消し、小さい「ょ」に書き直します。

最初は、みんなそんなものです。大人のように、一気にスラスラ「きょうは、はれです」と書ける子は、クラスでごくわずかです。

でも、子どもは一生懸命書きます。

毎日、学校で板書を写すことをくり返すうち、子どもたちには、

「書けたぞ！」

「こんなにたくさん書けた！」

と、自信が芽生えてきます。

実はその気持ちが、勉強に興味を抱く重要なきっかけになるのです。

1年生の最初は、ひらがながほとんどです。でも少しずつ漢字が増えていきます。ノートが、自分の書いた文字でいっぱいになっていきます。子どもにはそれが、誇らしく感じられるものです。

ノートに先生が花マルをつけてくれると大喜びです。私も教師時代は、「がんばったね」「いいぞ、いいぞ♪」「すばらしい！」「そのちょうし‼」などと、赤ペンで書いたものです。

先生が褒めてくれるとわかると、子どもたちは、どんどん書いてきます。毎日、

自主的にノートを提出するようにもなります。

このようなことが、子どもとノート、子どもと勉強の距離をぐっと縮めます。

そして、子どもはどんどん勉強好きになっていくのです。

もちろん、これは学校の現場に限った話ではありません。

親御さんが、家庭でたくさん褒めてあげれば、子どもは必ず書くことが好きになり、学習意欲もどんどんわいてきます。

小学生という、これから多くを学ぶ人生のスタートラインで、より大きく伸びるためのベースを準備してあげていただきたいのです。

そのための一番身近なツールが、「ノート」なのです。

■まずは子どもとノートを仲良しにさせる

さて、ここで質問です。

最近、子どものノートを見ましたか？
どんな言葉を子どもにかけていますか？

「今、何を習っているかくらいは見てるけど……」

そういう親御さんは多いと思います。

「でも、何を注意してあげればいいのか、わからない」

それが実際のところではないでしょうか。そこで、

「もっときれいに書けないの？」

「○っていう漢字はもう習ったはずでしょう」

などと、ついつい〝ダメ出しモード〟になってしまうのではないでしょうか。

もちろん、その気持ちは、子どもを思えばこそです。そのような言い方になってしまうのも仕方ありません。

なぜなら「子どものノートの見方」など、ほとんどの親御さんがご存じないのです。

でも、「ノートの見方」はコツさえつかめば、意外と簡単なのです。具体的なテクニックは、のちほどたっぷりご紹介します。

私が、ここでまず、強調したいのは、**「子どもとノートを仲良くさせてあげよう」**ということです。

子どものノートを開いて、あれこれと注意するのが目的なのではありません。そうではなく、子どもが「ノートに書くのが好き」「ノートは楽しい」と思えるような、手助けをしてあげてほしいのです。

まずは、このことを頭に入れていただきたいと思います。

2 ノートの使い方次第で子どもはたちまち勉強好きになる

■小学生に大切な勉強は2種類ある

私が本書で言いたいのは、ノートをもっと子どもの勉強にうまく取り入れてほしいということです。

そこで、「勉強とは何か?」ということになります。

私は、勉強には2種類あると考えています。

まず一つ目は、**学校や塾の勉強や宿題**。テストで評価される勉強です。子どもが自主的に取り組むのではなく、大人にやらされている勉強です。子ども自身は喜んで取り組まないかもしれませんが、将来の知性の礎《いしずえ》となる大事なものです。

もう一つは、**自分の興味のおもむくままに書いたり、調べたりする勉強**です。テストや通知表では評価されない勉強です。

たとえば、ダンゴムシに熱中して、ずっと飼っている男の子がいました。その子のノート（お絵かき帳）は、もちろんダンゴムシ一色です。ダンゴムシの絵はもちろん、発見したことや調べたことも文章で書いてありました。とにかく好きで好きでしょうがないのです。

こういう好奇心をそのまま育ててあげると、自分でテーマを見つけたり、それについて研究したりする力がついていきます。

天気図の読み方を覚え、毎日、天気予報をノートに書く。大好きなピカチュウについてノートに書く（描く）。これらも、実は立派な勉強です。

学校時代は、一つ目の勉強の力が高い人が高く評価されます。でも、社会に出てからは、後者が伸びることが多いのです。

前者は学校時代に評価される学力。

後者は後伸びする学力。

私は、小学生のうちから、前者もしっかりできて、後者の楽しみも知っているのが一番いいと思います。

そして、どちらの勉強にもなくてはならないのが、ノートなのです。

■ノートで子どもの「好奇心」を引き出そう

もうおわかりだと思いますが、ノートには多種多様な使い方があります。

そして、後者の使い方こそ、子どもの好奇心を引き出し、勉強好きにしてあげるための一番いい方法なのです。

ノートといえば、学校や塾の勉強のためと大人は決め込みがちですが、それだけではないのです。


どんな親御さんも、子どもを勉強好きにさせたいと考えます。ぐんぐん伸びてほしいと願っています。

そこで、良いと言われている問題集や参考書を買い与えたり、ノートに問題を解かせたりします。塾へ入れる方もいらっしゃるでしょう。

もちろん、そういうことが必要な場合もあります。ただ、そこまで本腰を入れる気はないけれど、「できれば勉強のできる子に育ってほしい」と願っている方は多いはずです。そこでつい、「勉強しなさい」を連発してしまいます。

でも思い出してください。

子どものころ、親に「勉強しなさい」と言われるのがどれほど嫌だったか……。

実は、私は、子どもを勉強好きにするのは、それほど難しいことではないと考えています。

子どもは好奇心に満ちあふれています。

楽しいことを見つけたいと思っています。

そして、楽しいことなら自分からどんどん進んで取り組むようになります。

そんな子どもの好奇心ややる気を一手に引き受け、受けとめてくれるのが、後者のノートの使い方なのです。

「勉強＝楽しい」と思わせる大事なきっかけが、ノートにあるのです。

「好きなことを書く」と「書くことが好きになる」

学校の授業には、国語、算数など「教科別ノート」が必要です。

私は、それとは別に**「自主勉ノート」**を持たせていました。それは、子どもが自由に使うノートです。

以前、私が受けもっていた女の子は、自主勉ノートに名前をつけていました。たしか、「アイちゃん」という名前でした。

「アイちゃん」には、その子の日記が綴られていました。ときには、詩のようなものも書かれていました。彼女は「アイちゃん」をとても「かわいがって」いました。

自主勉ノートに、日記や自分の考えたことを書く子もたくさんいました。

親はつい、「そんなことより、もっと勉強らしい勉強をしてほしい」と思ってしまいます。漢字や計算をやってくれるほうが安心なのです。

もちろん、それも大事ですが、すぐ点数に結びつく勉強だけが勉強ではないのです。

「アイちゃん」に日記を書いていた子は、「アイちゃん」に向き合うことで、自分の内面を見つめていたのだと思います。

このような自分ノート、心のノートは、勉強のノートと同じくらい子どもにとって大切です。

なぜなら、知らず知らずのうちに、**「書くことが好きになる」**からです。

こうして書くことが好きになると、子どもは学校の授業も楽しくなってきます。

毎日、自分と「仲良し」のノートを開いて書くのですから、自然に勉強好きになっていくのです。

このように、子どもが勉強好きになるきっかけというのは、ほんの小さなことです。

そして、そのチャンスは、ごく日常の中の、ありとあらゆるところに潜んでいるものなのです。

3 「書く楽しさ」が、学力のベースを作り出す

■「ノートに向き合う習慣」が頭を鍛えてくれる

夢中で好きなことを書いている子のノートは、まず見た目が違います。情熱や思いが鉛筆に乗り移っているようです。力強く、グイグイと書いています。そして、たくさん書いています。

恐竜が大好きなある男の子は、恐竜の絵を描き、その横に解説文を書いていました。必死で図鑑を見て描（書）いたのでしょう。丁寧で、上手なだけでなく、その子の熱意がひしひしと伝わってきました。

「これを書きたい」という思いが生まれると、「もっと考えてみよう。もっと調べてみよう」という気持ちになります。そして、子どもなりに考えを深めたり、図鑑

などで調べたりして書くようになります。それによって、ますます深める楽しさや、それを書く楽しさを知ります。

そうすると、どんなことが起こるかわかりますか？

「紙に向かう習慣」「ノートに書く習慣」がつくのです。

低学年のころからこのような習慣をつけておくことは、長い目で見てとても大切なことです。それは、鉛筆を持ってノートに書くことへの抵抗感をなくしてくれるだけでなく、それを楽しいと感じさせてもくれるのですから。

好きなことをたくさん書かせるということは、将来的にこのような良い結果を導いてくれるのです。

好きなことをたくさん書くために、ぜひ、子どもにノートを与えてあげてほしいと思います。

これは、とくに勉強のノートや自主勉のノートということでなく、まったく何を書いてもいい「自由ノート」ということでいいのです。

発想を広げたり、自分の好奇心を追究したり、何かを調べたり……。

子どもはどんどん書くことが好きになるでしょう。


ノートと向き合う時間が、子どもの頭をどんどん鍛えていくのです。

これこそが、本当の意味で、「頭が良くなる」ということだと私は思います。

■書くのが好きな子は評価で損をしない

ただ、なかには「書くこと」を嫌う子も、たしかにいます。

私が教えた子にもいました。

その子は、発表が得意でいつも元気に手を上げます。ひらめきもあります。

たとえば「『ごんぎつね』の感想を授業で発表しましょう」と言うと、バンバン手を上げます。でも、感想文を書かせると、何も書けないのです。


小学生のうちはこれでもなんとかなりますが、中学生になると損をしてしまいます。中学の授業では発表のウエイトが減って、「ノート点」のウエイトが増えるからです。

テストの点が良くても、ノートが書けていないとマイナスになります。「学習態度が良くない」ととられてしまうのです。

量で判断するということもあります。

つまり、ノートを提出すればいいだけでなく、「たくさん書けるかどうか」も評価の対象になってくるのです。

たとえば、音楽の授業でモーツァルトを聴いた感想を書くとします。

ノートに2ページも書いてあれば、「お、この子は意欲があるな」と評価されます。でも、たった5行で終わっていたらどうでしょう。評価がグンと落ちてしまうのはあきらかです。

つまり、**書けないと損をする**ということなのです。

「書く」ということは、大人になってもつきまといます。

大学生はレポートや卒論の提出が必須です。

就職の際も、エントリーシートで作文を課している企業は増えるいっぽうです。自己PR文や志望動機など、すべて文章で提出しなければなりません。

もちろん、勉強から解放され社会人になっても、報告書、企画書などを書くことから逃れられないでしょう。

ただし、文章については、得手、不得手があります。

これは仕方のないことです。

でも、単に文章力があれば、おもしろい企画書が書けるかといえばそうではありません。大人になってからとくに必要になるのは、**「自分で考えて書く力」**です。

そうした力をつけるためにも、子どものときに「書くことに親しむ」のは、とても大切です。

「書くこと」が、これからずっと、大きくどこまでも伸びていく力をつくってくれます。

そのために一番有効なツールが、「ノート」なのです。

4 伸びていく子はノートの使い方が違う

■落ち着いて授業を受けられる子は理解も早い

書くことが楽しくなれば、子どもは授業でノートを取るのも好きになります。ハードルが低く感じられるのでしょう。どんどん書いていくようになります。

子どもにとって学校生活は、初体験の連続です。

とくに低学年のうちは、授業で緊張している子もいます。先生の指示どおりのことをこなすだけで、大変なエネルギーと集中力を必要とするのです。

でも、**書くことに慣れている子は、落ち着いて授業を受けることができます。**

勉強のベースができているのですから、それは当たり前のことなのです。

それに「ノートと仲良し」ですから、心強いのです。あとは、上手なノートの使い方をちょっとアドバイスしてあげればいいだけです。

小学校時代、勉強とノートは切っても切れない関係にあります。上手な使い方を身につけることは、子どもの心にゆとりを生み、どんどん吸収力を高めてくれる効果もあるのです。

■できる子の授業ノートはどうなっている?

ところで、上手な使い方って、何でしょう?

いざ、そう問われてみると、具体的に頭に浮かばないのではないでしょうか。そこでまず、次ページの2つのノートを見比べてください。

ここに2つの算数のノートがあります。

一見すると、右のノートはとてもきれいです。字がきれいで、丁寧に書いています。でも、先生が「6問目の問題を見てごらん」と言ったら、どうでしょう。6問目を探すのに、1問目から数えなければなりません。これでは、上手な使い

字はきれいだけど、問題番号がない

6年生算数

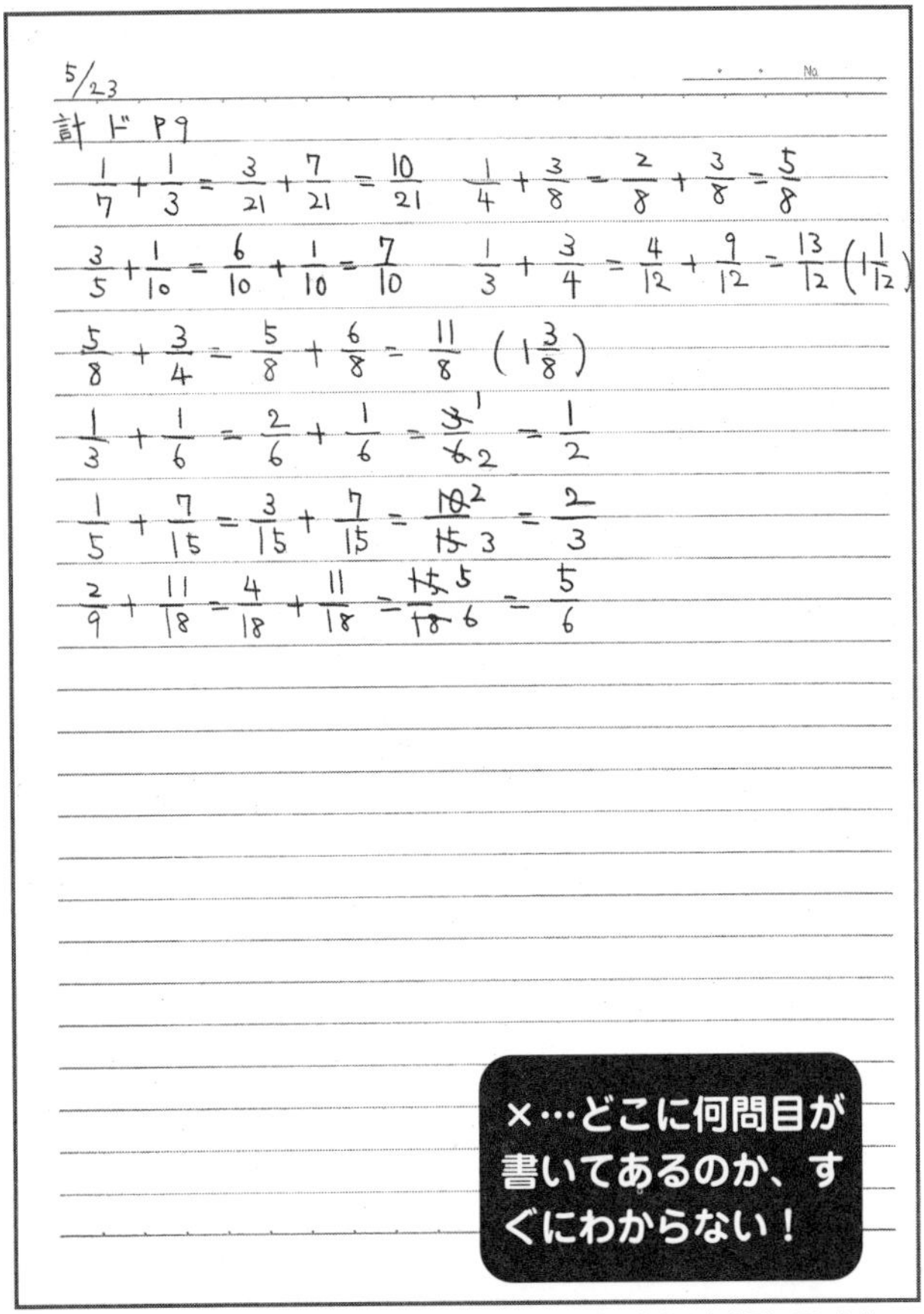

※以下、本書の図版はサンプルとして小学生に作成してもらったものを使用しています

字は雑だけれど、問題番号がある

6年生算数

5/23
計ドリ9

① $\frac{1}{7} + \frac{1}{3} = \frac{3}{21} + \frac{7}{21} = \frac{10}{21}$

② $\frac{1}{4} + \frac{3}{8} = \frac{2}{8} + \frac{3}{8} = \frac{5}{8}$

③ $\frac{3}{5} + \frac{1}{10} = \frac{6}{10} + \frac{1}{10} = \frac{7}{10}$

④ $\frac{1}{3} + \frac{3}{4} = \frac{4}{12} + \frac{9}{12} = \frac{13}{12} \left(1\frac{1}{12}\right)$

⑤ $\frac{5}{8} + \frac{3}{4} = \frac{5}{8} + \frac{6}{8} = \frac{11}{8} \left(1\frac{3}{8}\right)$

⑥ $\frac{1}{2} + \frac{1}{6} = \frac{2}{6} + \frac{1}{6} = \frac{3}{6} = \frac{1}{2}$

⑦ $\frac{1}{5} + \frac{7}{15} = \frac{3}{15} + \frac{7}{15} = \frac{10}{15} = \frac{2}{3}$

⑧ $\frac{2}{9} + \frac{11}{18} = \frac{4}{18} + \frac{11}{18} = \frac{15}{18} = \frac{5}{6}$

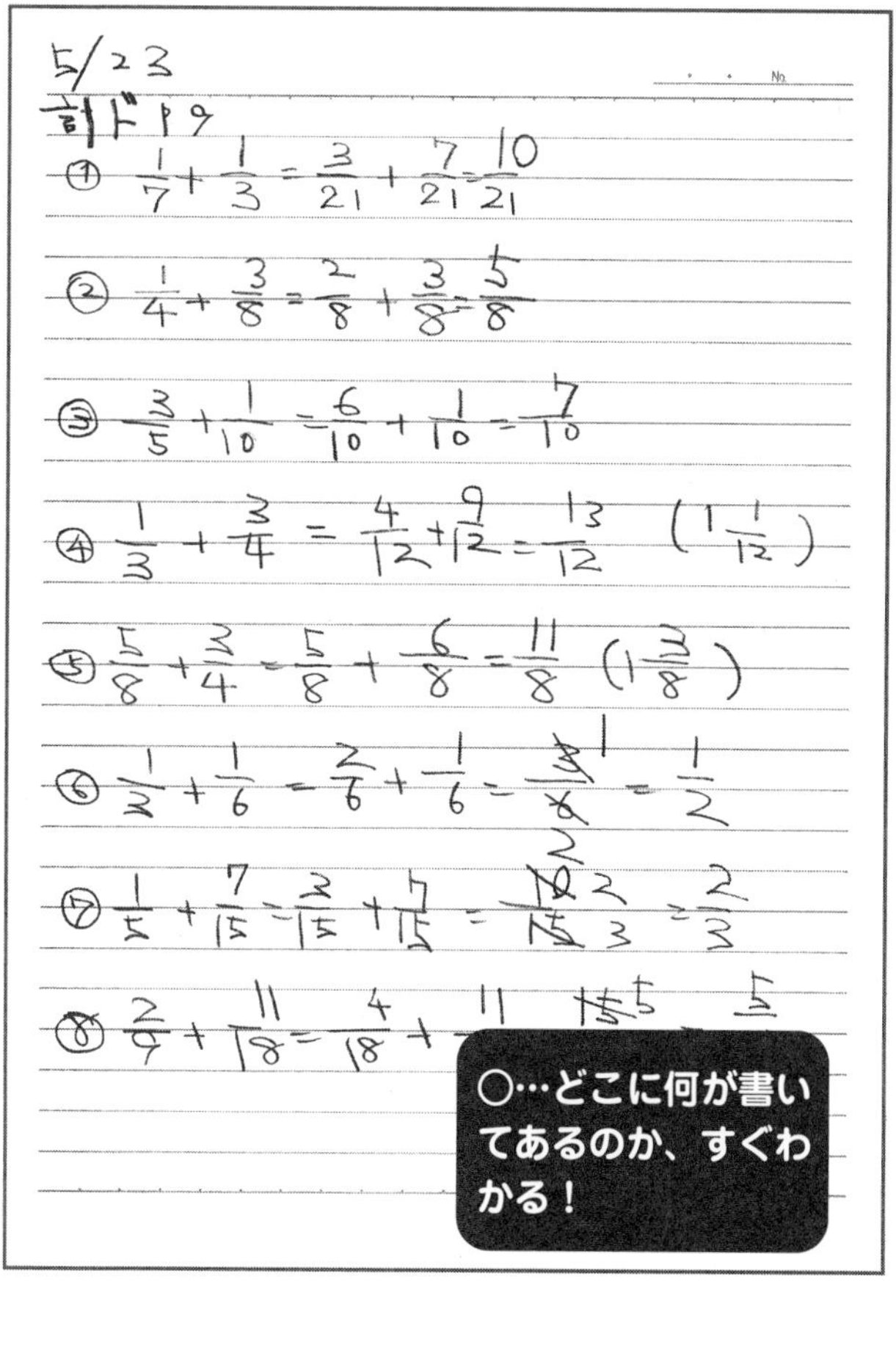

○…どこに何が書いてあるのか、すぐわかる！

方とは言えないわけです。

いっぽう、左のノートは字に力がなく、ふにゃふにゃです。
でも、式の頭が揃っていますし、それぞれの問題に番号が振ってあります。
誰が見てもすぐに「6問目」がどこにあるかわかります。

つまり、ノートの使い方という点ではこちらの方がいいわけです。

■ノートは「丁寧」がすべてではない

ノートの上手な使い方とは、「丁寧に書くこと」だとお考えの方がたくさんいらっしゃると思います。
たしかに、それも大事です。字が丁寧なノートは読みやすいですし、誰が見ても気持ちがいいものです。

でも、それだけでは十分ではありません。
もっと大事なのは、**「構造的に書く」**ということです。

なぜなら、ノートを構造的に整理して書くことで、情報を構造的に理解することができるからです。

そして、ノートを構造的に整理して書くとは、言い換えると、情報のつながり方を意識して、どこに何が書いてあるか見やすく書くということです。

もっと詳しく言えば、**今どんな勉強をしているのか、何が問題なのか、自分はどう考えるのか、それはなぜか、などということを意識して、書く場所や書き方を考えて書く**ということです。

たとえば、次のようなことが大切なのです。

・単元名や見出しを書く
・問題、答え、理由などを、分けて書く
・大事なところを線で囲む
・問題には番号を書く

・縦と横の通りを揃える
・間を空けて見やすくする
・ダラダラ書かず、箇条書きにする
・教科書の単元が変わったら、ノートのページを変える

先ほど、「ノートを構造的に整理して書くことで、情報を構造的に理解することができる」と書きました。

そして、それは構造的に記憶することでもあります。

これは、ただ闇雲に記憶するよりも、記憶の定着という点ではるかに勝っています。

そして、**ノートが構造的に書いてあると、「おさらい」がしやすい**ということもあります。

それは、どこに何が書いてあるかすぐわかるからです。

たとえ計算練習のようなノートの使い方としては単純なものでも、番号があるか

ないかで「おさらい」のしやすさは変わってきます。

番号を書くのは、構造的に書く上での基本中の基本なのですが、これがあれば「おさらい」も楽になります。

授業中、先生が「6問目の問題を見てごらん」と言ったときも、さっとそこを見つけることができるわけです。

■「構造的に書く」と勉強が楽になる

ただ、カン違いしていただきたくないのですが、

「構造的にノートを書けない子は、学力が低い」ということではありません。

なぜなら、たとえ構造的に書けなくても、学力が高い子はいるからです。

子どもには個性があります。構造的に書くのが得意な子も苦手な子もいるのです。たとえ、ノートが構造的に書けていないからといって、勉強ができないわけでは決してないのです。

ここをまず、カン違いしないようにしてください。

私が本書でお伝えしたいのは、「その逆はありますよ」ということです。

それは、**構造的に書く習慣をつけることで、学力が上がる**ということです。

構造的に書けるように教えてあげれば、頭の中が構造的になります。

つまり、ものごとを構造的に整理できるようになり、思考力がついていくのです。

そして、知識の定着がよくなります。

構造的に書くコツを学べば、おさらいしやすいノートを書く習慣がつきます。今より勉強が楽になるのです。

「ここが大事」「ここは例」などと整理したり、授業中に先生が強調したところは赤字にするなど、工夫もできるようになります。

小学校6年間では、いろいろなものを書いて表さなければなりません。

理数系の思考の素地になる表やグラフ。理科の実験の手順をまとめたり、社会では年表を書くこともあります。

ノートの取り方の基本を知っていれば、いろいろな書き方に対応できるだけでなく、効率よく知識を吸収し、自分のものにしていけます。

まさにノートを使って、できる子に育っていけるのです。

その手助けをしてあげるために、本書を読み進めていただきたいと思います。

5 ノートは成長の足取りが見える一番身近なツール

■テストよりも子どもの真実を映す「ノート」

保護者面談では、勉強についての悩みを訴える親御さんがたくさんいらっしゃいます。

あるお母さんも、子どもの算数の成績を嘆いておられました。

「どうすれば算数の成績が上がるか」

「何をやらせればいいいか」

そのような具体的なアドバイスを求めていらっしゃいました。とにかく心配で仕方がなかったのでしょう。

そこで、私は「〇〇ちゃんは大丈夫ですよ」と言って、あるものを机の上に置きました。

お母さんは興味津々で、私が机の上に置いたものに目をやりました。そして、すぐに不思議そうな……というよりも、怪訝《けげん》そうな顔つきでこちらを見ました。

なぜなら、私が机の上に置いたのは、国語のノートだったからです。

その子は、たしかに算数は苦手でした。

でも、国語のノートはいつも一生懸命に取っていて、とくに感想文にはキラリと光るものがありました。

社会見学の感想文も同じです。独特の視点ですばらしい文章が書ける子でした。

ですから私は、その子の国語のノートのある部分を指差して、こう言ったのです。

「この一文、おもしろいですよね。なかなかこういう感想は書けませんよ」

するとお母さんは、

「ああ、たしかにいいことが書いてあるなぁ」

と、感心した様子です。

「へえ、この子、こんなことを書くんだ。ぜんぜん知らなかった」

そんな顔つきです。


ノートを見てはじめて、子どものいいところに気づく。

こうした例は少なくありません。

■結果だけでなく過程にもっと注目を

親は、ノートよりもテストの点のほうが気になります。

ノートの良し悪しより、テストのほうが「いいか」「悪いか」がはっきりわかるからです。

ですから、テストの結果には敏感でも、ノートを開いてみたことがないという方はたくさんいらっしゃいます。

でも、それでは、せっかくの「子どものいいところ」に気づかないままになってしまいます。

たしかにテストの点数は、子どもの客観的な評価のひとつです。それは間違いありません。でも、それだけが子どもの能力や個性を示すものではないのです。

今、世の中全体が点数主義、結果主義に陥っているように思います。

たとえば、プロのスポーツ選手が、「結果がすべてですから」とコメントするのをよく聞きます。

プロですから、それは仕方のないことです。でも、その考えは、子どもの教育には当てはまらないのです。

子どもの教育においては、**努力して歩んでいる過程そのものを褒めてあげること**が何より大事です。

そして、その過程が記されているのが「ノート」です。

子どもの歩んだ過程が、びっしり書き残されています。子どもの足跡です。

親は「がんばっても点数がとれなきゃダメ」という考えをすべきではないですし、そういう考えで子どもに接するべきではないでしょう。

結果よりも過程を評価してあげてほしいのです。

教育心理学の用語では、「形成的評価」といいます。形に成っていく過程の評価です。子どもが、その子らしい能力や個性を身につけていく過程の記録です。それを大事にしてあげてほしいのです。

テストで褒められないときは、ノートで褒める

テストに関して言えば、子どもだっていい点をとりたいと思っています。だからがんばっているのです。

でも勉強がうまくいかなかったり、苦手な勉強が始まってしまったり、ちょっとテスト勉強をさぼったりで、点数が伸びないことがあります。

まあまあの成績だったのに、急に悪くなるということもあります。算数で言えば、

4年生で分数の計算や3桁割る2桁の割り算が始まったときなど、わからなくなる子がけっこういます。

このように、子どもの成績に陰りが見えると、親御さんはショックを受けます。

でも、悪い点をとって悔しいのは子ども自身なのです。

なのに、親から「こんなに悪い点をとって！」と叱られたら、どうでしょう。

つらいのは当たり前です。

そして、親の態度がいつもそうだと、子どもは勉強に対してネガティブなイメージを持つようになります。これはぜひとも避けたい事態です。

こういうときも、ノートの出番です。

テストでは褒められないときでも、ノートをつぶさに見れば、何かしら褒めどころが見つかるはずです。

「たくさん漢字練習したね」

「朝顔の絵が上手だよ」

「これは、人が考えつかない独創的な発想だね。すばらしいね」

いろいろ褒められると思います。


ノートには、点数がありません。**数値化されていないものですから、いくらでも褒められる**のです。


そして、もうひとつ大事なことがあります。

それは、**「ノートに正解はない」**ということです。


子どもの数だけ、ノートがあります。これは、子どもひとりひとりの個性が違うのと同じことです。

ぜひ、親御さんは、唯一無二の子どもの個性の証である、「ノート」を褒めてあげてください。

次章では、このために知っておきたい「ノートの見方」のコツを紹介します。

第2章

親がノートを見るときに大切なことは？

1 小学生のノートには「3つの機能」がある

■何のためにノートを取るのか？

教師時代に感じていたことがあります。

それは、**親にもっと子どものノートを見てほしい**ということです。

ノートには、子どもの今の姿が実によく表れています。

勉強のどんなことが得意で、どんなことが苦手なのか。日々どんなことを感じ、発見しているのか。ノートは子どもの成長の軌跡なのです。

ただ、親はなかなかノートを見ないわけです。見るタイミングをつかむのが難しいのでしょう。毎日、忙しいというのもあるでしょう。

でも一番の理由は、どう見ればいいかわからないからではないでしょうか。

そこで本章では、親が知っておきたいノートの見方、親がノートを見る意味について、お話していきたいと思います。

最初に知っておいていただきたいのが、ノートの機能です。
ノートの機能には3つあります。

①記録のため
②思考のため
③練習のため

ひとつずつ説明していきましょう。

■ノートは「記録」「思考」「練習」のため

ノートの一つ目の機能は「**記録**」です。
学習したことを一度で身につけることは誰にもできません。何かに記録し、くり返し見て、確認することで、知識として定着していきます。

板書だけでなく、授業中に自分が考えたこと、友達が発言した内容なども記録することで、学習効果が高まっていきます。記録がしっかりできるということは、勉強の基本姿勢ができているということです。

また、社会見学、講演や講義を聴いて書くのも、ノートの記録としての機能です。

二つ目は**「思考」**。発想を広げたり、深めたりするためのものです。

たとえば、算数の応用問題の図を描いて考えるといったことです。また、理科や生活科の観察実験の様子を記録し、課題について仮説を立てたり、結論を導き出したりするのも、ノートの重要な機能です。

つまり、書きながら考え、自分の意見や主張を見つけ出す作業がノートで行なわれるのです。

作文や物語の感想文を書くのも、思考を深める作業です。

三つ目が**「練習」**です。計算練習、漢字の書き取りなどのために、ノートはなくてはならないものです。小学生のうちは、何度もくり返すことで学習効果が高まるものがたくさんあります。

掛け算や割り算の筆算にしても、頭でわかっているだけでは不十分で、くり返し練習して体で覚えることが大切なのです。

■3つの機能をフル活用して学んでいく

小学生のノートには、これら3つの機能があります。そして、**この3つの機能が混在しています。**ノート全体に混在していますし、1つのページにも混在しています。

たとえば、最初は記録のために書き始めたものが、途中から思考のために変わることがあります。

社会見学で、商店街の店主に取材をしたとしましょう。

その場でメモできなかったことを、教室に戻って記録します。そのとき、「もっとあんなことを聞けばよかった」「あれも知りたかった」と、疑問が出てきたりします。

好奇心が刺激されると、子どもの頭には次々と質問が浮かび、それについて自分で考えるようになります。

「他のお店の人も、地元産が一番売れ行きがいいんだよって言ってたなぁ」と思い出し、流通のしくみについて考え始めたりします。

授業で習った、地元の名産品の具体的な産地を店主から聞き、興味をもって調べ、書き足すこともあるでしょう。

このように、書きながら記録と思考が入れ替わるのです。また、練習から思考へ変わることもあるでしょう。

「記録」「思考」「練習」は、はっきりと3つに分かれて存在しているものではなく、ひじょうに流動的なものだということを、まずは頭に入れておいてください。

2 ノートは「構造的に書く」と「グイグイ書く」の2本立て

■目的に応じて使い分けることが大切

では、さまざまな機能を持ち、さまざまな目的で使われるノートを、どのように子どもの実際の勉強に活かしていけばいいのでしょう。

まず、頭に入れておいてほしいのは、ノートの機能によって書き方も変わってくるということです。つまり、**書く目的によって書き方も変わってくる**のです。

ノートの「記録」の機能を優先させたいときは、きれいに見やすく書かれていたほうがいいでしょう。

でも、「思考」を重視する場合は、見やすさを気にするよりも、集中して思い切り書くことが必要です。なぜなら、見やすさに気を使っていると、思いついたことをどんどん気軽に書くことができないからです。

書くことに集中できないと、頭の中の考えも止まってしまいます。「練習」がメインのときも同じです。字の大きさが揃っているか、真っ直ぐ書けているかなど気にせず、集中して紙に向かったほうが、たくさん練習できるということはあるのです。

このようなことから、書き方には2つあると言えます。

①構造的に書く

前章でもお話したように、情報のつながり方を意識して、どこに何が書いてあるか見やすく書くことです。

②グイグイ書く

思い切り自由に書く方法です。頭に浮かんだことをグイグイ書く、書きながら考える、書きたいことがドンドンわいてくるので速く書く、こういう書き方です。

漢字をたくさん書いて覚える、計算問題をグイグイ解く、こういう場合にも当てはまります。

そのときどきによって、構造的に書いたほうがいい場合もあり、グイグイ書いたほうがいい場合もあるということです。

「構造的」だとポイントのおさらいがしやすい

では、「構造的に書く」「グイグイ書く」、この2つについてもう少し詳しくお話します。

構造的に書くというのは、見やすく、整理して書くということです。

これは、**見た目が「美しい」ということとイコールではありません**。きれいな字で書かれているとか、線は定規で引いてあるとか、そういうこととは少し違うのです。

「どこに何が書いてあるか」ひと目でわかり、全体的に見やすい構造になっているということです。

たとえば、ノートの始まりに単元名が書いてあるだけで、見やすさはぐんとアップします。さらにそれを四角で囲ったり、少し大きめの文字で書いてあれば、ぱっと見てすぐに「ここから新しい単元の勉強を始めたんだ」とわかります。

本や雑誌を見やすくするため、見出しの文字を大きくしたり、コラムを囲ったりします。そういうレイアウトやデザインと同じようなものです。

構造的なノートは、おさらいがしやすく、勉強の能率を上げます。詳しいテクニックは次章になりますが、1年生でもすぐに実践できるものから紹介しています。中学年、高学年と進んで勉強が高度になってきても使えるテクニックです。

■「グイグイ」で子どもを一気に伸ばす

もうひとつの「グイグイ」の書き方ですが、こちらはテクニックというよりも、子どもの状況、態度、姿勢を示しています。**子どもの熱意、やる気、集中力**を言い換えた言葉と思っていただいてもいいでしょう。

「グイグイ」というのは、書きたいことが多くて間に合わない状態です。「もっと書きたい」「もっと練習したい」と思うと、おのずとスピードがつきます。そして量もはかどります。

そのように頭をフル回転させているとき、同時に美しさや見やすさに注意を払うことは難しくなってきます。

私たち大人は、「字は丁寧に」「留めや撥ねを正しく」などと、まずは見た目を気にしがちです。

でも、グイグイとたくさん書きたい気持ちを抑えてまで、常にきれいに、正確に書くことはないのです。

集中して筆算の問題を解いているときに、完璧な直線を引いて書かなくてはならないわけではありません。

作文で書きたいことがぱっと頭に浮かんだのなら、字を丁寧に書くことは二の次でいいのです。

もっと言えば、「構造的に書く」さえ意識しなくていい場合もあります。

漢字練習をしているとき、必死に手を動かして字の形を覚えるなら、多少枠からはみ出したって、かまいません。そもそも、ノートではなく、広告の裏に走り書きしたってかまわないのです。

構造的に書くことは大事ですが、それだけを一番高いところに掲げ、他の書き方を排除してしまうのは間違いです。**テクニックだけを子どもに押しつけるのでは、〝角《つの》を矯《た》めて牛を殺す〟ことになってしまいます。**

だから子どもが「グイグイ」と勢いづいて書いているときは、それを見守ってあげてほしいのです。そして、子どもがグイグイ書けるような環境を作ってあげてほしいと思います。

■子どもの「書く楽しさ」を切り捨てない見方を

「構造的に書く」と「グイグイ書く」の特徴を踏まえたうえで、ノートの３つの機能面について確認しておきましょう。

「記録」はもっとも「構造的」に書いたほうがいい内容です。

「思考」も、見やすく書かれているに越したことはありません。あとで見たときに理解しやすいからです。
「練習」も、見やすさを考えて書いたほうが、書くときにミスが減ります。

でも、「思考」「練習」も、勢いに任せて線をはみ出してもいいし、詰めて書いてしまってもいいのです。先の漢字の書き取りなどはとくにそうです。作文も社会見学の感想も、場合によっては段落など気にせず、グイグイ書いていいのです。

書く楽しみが、学ぶ楽しみに変わることがあります。
意欲の芽を摘んでしまわないようにしたいものです。

「構造的」と「グイグイ」。
この2つを使い分けることが、ノートの指導ではとても大事です。

3 書く「スピード」をおろそかにしてはいけない

■「丁寧さ」にこだわり過ぎるのは考えもの

ノートの字は、ちょっと丁寧な字、または、雑でない字で十分です。丁寧さにこだわり過ぎると、勉強内容を理解したり、考えを深めたりするのに支障をきたすからです。

たとえば、硬筆書写の勉強として鉛筆で字を書くときは、できる限り丁寧に書くべきです。

でも、昨日行った遠足の作文を書くときは、同じような丁寧さで書く必要などないのです。

字が少しくらい雑でも、速く書くことが必要なのです。書きたいことがドンドンわいてきて、丁寧に書いていたら間に合わないからです。

グイグイ書いているとき、気持ちのままに字も走り、踊ります。少々読みにくい字になるかもしれませんが、そういうときに丁寧さを求める必要はないでしょう。

何を書くかによって、字は変わってもいいのです。できれば、それを意識的に使い分けられるようになれば理想的です。

たとえば、漢字の書き取りノートは、先生に提出するなら、「留め」「撥ね」「払い」などをチェックされます。もちろんテストでは点数に影響します。そういうときは、きちんと丁寧に書かなくてはいけません。

でも、書き取り以外で「留め」「撥ね」「払い」までチェックされることは稀です。これらは、大人でも神経が行き渡らないものです。普段の生活の中で、正確に書ける自信のある方はそういないでしょう。

これらがどうでもいいと言うわけではありませんが、細かいことにこだわり過ぎないほうがいいと思います。

こだわり過ぎると、漢字に対する苦手意識を持ってしまいます。場合によっては、書くこと自体が嫌いになってしまうこともあり得ます。これでは、本末転倒です。

このようなアドバイスは、簡単にできそうですが、実は難しい面もあります。なぜなら、親は子どもの字に「きれいさ」だけを求めがちだからです。とくにお母さんたちは、丁寧さにこだわりがちです。

実際、学校の授業で教師も、「速く」と口にはなかなかできないものです。急かすようで嫌ですし、遅いとわかっている子がかわいそうだからです。

誤解がないように言っておきますが、私は雑な方がいいと言っているわけではありません。もちろん、丁寧であるに越したことはないのです。

でも、丁寧にこだわり過ぎると、本末転倒になることもあると言っているのです。

子どものノートは、「構造的に書く」と「グイグイ書く」の2本柱です。

そして先ほど挙げたように、授業、提出用、自主勉強、聞き書きなど、多種多様な状況で書くことが求められます。

速く書けることが、大事になることもあるのです。

このことは意外に知られていませんが、とても重要なことです。

■字の「丁寧さ」と「速さ」の4段階とは？

ノートに何を書くかによって、書き方の丁寧さと速さを使い分ける必要があります。

そして、とくに「グイグイ」とたくさん書いてほしい小学生時代は、速く書くこともどんどん経験してほしいのです。

その大切さを子どもに教えていく必要があります。

毎日、毎日、くり返し言うとうるさがられますが、一番身近にいる親だからこそ、教えてあげてほしいことです。

「丁寧さ」と「速さ」の関係は、次の4段階が目安です。

①丁寧に書く↓テスト、提出用の書き取りノート
②丁寧に速く書く↓授業中のノート
③速く丁寧に書く↓計算ドリルをグイグイ書くとき、日記をグイグイ書くとき
④速く書く↓メモ、考え、アイデアを忘れないうちに記録するとき、社会見学の聞き書き、授業で友達のおもしろい発言をメモするとき

右から左にいくほど、「丁寧さ」から「速さ」へ力点が移っていきます。

私も授業でこのような使い分けをして、指導していました。ノートの内容によって、言い方を変えるだけで、今は何を目的として書くのか、子どもにもわかりやすくなるのです。

2番目の「丁寧に速く」と、3番目の「速く丁寧に」は、似ていますが同じではありません。

「計算ドリルをやるから、速く丁寧に書いてみよう!」と、「速く」を強調する言い方をすれば、「丁寧」より「速さ」が大事だと子どもに伝わります。

板書を書き写す場合は、「さあ、丁寧に速く写そう!」と声をかけることで、丁

寧さを忘れずに書く習慣が自然についていくのです。

■時と場合で「4段階」を使い分けよう

では、それぞれを詳しく見ていきます。

①「丁寧に書く」のは、テストや、提出用の書き取りノートです。小学校時代のテストは、時間に追われるほど難度の高い内容ではありません。むしろ、ひとつひとつの文字を丁寧に、計算式やグラフを見やすく書けることが大事です。

漢字の「撥ね」が曖昧だったため、マルがもらえなかった。本当はわかっていたのに、グラフの書き方が雑で減点された。

そういうことにならないよう、「丁寧に書く」必要性をわからせてあげてください。

②授業中のノートを取るのは、丁寧さも必要ですが、のんびりしていていいわけではありません。そこで「丁寧に速く書く」ことが求められます。

教師も、板書を書き写すのに時間がかかるとき、「消しちゃうよ〜」などと声をかけながら、上からゆっくり黒板消しを動かし、子どもを焦らせることがあります。

こうしたことで、速く写す必要があることを子どもは学びますし、中学年から高学年になると、速く書く工夫をするようになります。

③計算ドリルや日記など、グイグイ書くものは、「速く丁寧に」。ドリルや日記帳を提出する機会もあるはずなので、自分しか読めない字では困ります。集中し、没頭しながらも、他人が読める字で書く習慣をつけておくのです。

④最後の「速く書く」。これは、アイデアを忘れないうちに書き留めておく場合や、ちょっとしたメモ書きに必要です。また、社会見学で聞き書きをするときなども、速く書ければ、たくさんの情報をノートに残すことができます。

こうした書き方の違いを親が理解しておくと、子どものノートのどこを見てアドバイスすればいいか、的を絞ることができます。

■「きちんと」「ちゃんと」より上手い言い方がある

書き方には、子どもの性格が表われます。のんびりした子はゆっくり丁寧に書きます。大雑把な子は、雑だけど素早いです。

そうした子どもの持ち味を活かしながら、状況に応じて、より丁寧に書いたり、より速く書いたりできるように、親が近くで見ていてアドバイスをしてあげてほしいのです。

たとえば、計算ドリルを家でやっているとき、ちょっと横から覗いてみます。

いつも丁寧で書くのが遅い子には、**「もっと速く書いていいよ」**と言ってみます。そうすると子どもは、ちょっと速く書いてみようかなと、がんばります。

そうやって速く書く経験を少しずつ積んでおくだけで、いざというときにテキパキと書けます。

いつも速いけど雑な子には、**「ギネスに載るような丁寧な字で書いてごらん」**と言ってみます。子どもは、途端に目の色を変えて慎重にゆっくり鉛筆を動かし始めます。

「きちんと」「きれいに」「ちゃんと」……。こんなふうに言われると、子どもは書くのが嫌になってしまいます。窮屈に感じてしまうのです。

否定したり、押しつけるのではなく、子どもが自分から、「やってみようかな」と思う、声かけが大事なのです。

4 もっと子どものノートを見てみよう

■勉強の話題を親子で共有する

ここまでで、子どものノートを見て、何をアドバイスしてあげればいいのか、ポイントがわかってきたと思います。

では、何のために親が子どものノートを見るのでしょう。その目的をここでお伝えしておきたいと思います。目的は3つあります。

まずは「コミュニケーションのため」です。

ノートを見れば、子どもが今何を勉強しているのかがわかります。たとえば、分数をやっているのだとわかれば、日常のやりとりの中でさりげなく分数に触れてみるのです。

ケーキを切るときに、「4分の1にしようか、それとも8分の1がいいかな?」と子どもと相談してみます。

「タケシはどっちが食べたい?」と聞くと、分数がよくわかってない子は「8分の1!」と答えるでしょう。

実際に8分の1のケーキと4分の1のケーキを見せれば、子どもはびっくりです。でも、それがきっかけで分数に興味を持ち、自分から学ぼうとする気持ちが芽生えます。

このようなことは、他の国語、理科、社会、どの教科においても考えられることだと思います。

新聞やニュースを見ながら「この字なんて読むんだっけ?」「石川県ってどこにあるんだっけ?」とクイズにしてみる方法もあります。

「お父さんが子どものころも国語で『ごんぎつね』やったよ」と話してやるだけでも、子どもは興味を抱くでしょう。

ノートで、親子のコミュニケーションのネタ探しをするのです。

「勉強しなさい」と言っても子どもは耳を貸しませんが、生活の中に勉強を溶け込ませれば、楽しみながら学べます。
こうした親とのやりとりが、いい知的刺激になるはずです。

■「10褒めて、指導は1」で意欲を引き出す

二つ目は、「褒める材料を見つけるためにノートを見る」。
これはとても大事です。

ノートは「構造的に書く」「グイグイ書く」の両方が大事だとお話しました。
「構造的に」書いているところは、それを褒める。
「グイグイ」書いているところは、それを褒める。

まずはいいところを褒めて、そのうえで修正が必要だと思えば、少しだけアドバイスします。

叱るためにノートを見るのではなく、褒めるために見るのです。「10褒めて、指導は1」が基本です。

「すごい勢いで書いてるね」
「書きたいことがいっぱいだったんだねぇ」
「こういう考えは他の人と変わっていていいね！」

このように、中身を褒めてあげるのです。そのうえで、構造的に書いたほうがいい部分を、「もっとこうするといいよ」と教えてあげます。

たいていの親御さんは、きれいな字であれば、それで「いいノート」だと思ってしまいます。でも構造的ではないかもしれないし、自分の意見や考えをグイグイ書いた経験がないかもしれません。

見た目の美しさだけにとらわれず、子どもの本当にいいところを見つけ出すつもりでノートを開いてみてください。

■「ピンポイント修正」で学力アップ

三つ目が「間違いを直す。苦手を修復する」。

ノートを見て褒めることはとても大事ですが、間違いや苦手を見つけるのも大切な目的のひとつです。

たとえば、ノートを見ていれば、「算数のくり下がりが理解できていないんだな」とすぐにわかります。「社会のノートはたくさん書いているのに、理科はあまり書いていない」ということから、理科が苦手なのかなと想像がつきます。

ノートには、子どもの間違いや苦手が現れるのです。

間違いや苦手を見つけたら、それをフォローしてあげることです。くり下がりが間違ってばかりなら、一緒に復習したり、問題集を解いたりします。そのときどきで「ピンポイント修正」がきくわけです。

このような修復を小まめにしていれば、確実に学力が上がっていきます。

要するに、理解できていない箇所をすぐフォローできるので、取りこぼしがないのです。

かすり傷の状態で治療できたほうが、大けがになって大手術するより、子どもの負担は小さくてすみます。

ノートには、このような効用もあるのですが、多くの方がそれをテストまで持ち越してしまいます。でも、テストのときでは、遅いわけです。

悪い点をとってしまう前に、ノートでフォロー。

ノートをうまく利用すれば、子どもの成績はぐんぐん上がっていくはずです。

5 ノートを叱る材料にしない

■「たまに見て叱る」のが最悪のパターン

親が「ノートを見てみよう」と思うのは、どんなときでしょう？

ふと子どもの成績が気になったとき。
子どものテストの成績が悪かったとき。
たまたま教育熱心な親御さんと会って刺激を受けたとき。

いろいろあると思いますが、多くの場合が、ふと、急に、気まぐれに、子どものノートが気になって「見てみよう」と思い立つわけです。

「ノートを見せてごらん」。親に突然そう言われると、「なんで急にそんなことを言うのかな……？」と、子どもはびっくりします。

どれどれ……と目を凝らしているうち、ノートのアラが見えてきます。

「あら、九九はもう完璧だと思ったのに、間違ってるじゃない」
「どうして習った漢字を使わないの？　ひらがなばかりよ」

たまにノートを見て、子どもの現実を知るのです。それまで散々放っておいて、突然ノートを見て、ショックを受け、叱る。これは実にまずいやり方です。

でも、こういう親御さんが実際は多いのです。九割九分がそうかもしれません。

このように、**「たまにノートを見て、叱る」ということをやってしまうと、子どもはノートを見せたがらなくなります。**

子どもは叱られたくないのです。「ノートを見せる＝叱られる」という図式が頭の中にできてしまうと、子どもは自信をなくすでしょう。ノートに書くことが嫌いになってしまうかもしれません。勉強が嫌いになる可能性もあります。

忘れないでほしいのは、ノートは子どもを映す鏡だということです。

ノートを頭から否定するということは、子どもを否定することと同じです。

■ノートで「お仕置き」しない

小学校では、授業ノートを提出させることがあります。教師の目には、その子の親がノートを見ているか、見ていないか、はっきりとわかるものです。

ある子の日記には、ある一文に、赤鉛筆で線が引かれ、小さな花丸がついていました。お父さんかお母さんが「よく書けてるね」と言って褒めてくれた印でしょう。微笑ましい親子の様子が目に浮かびます。

いっぽうで、「これは、かなり叱られたんだな……」と感じるノートもあります。

たとえば、計算問題で間違えたところを、全部消して、書き直しさせているのです。親は「わが子の将来を思えばこそ」と思っているのでしょう。でも、親が自分の不安を解消するためだったり、ただのストレス発散ということもあるはずです。

親のヒステリックさがノートににじみ出ているのです。

間違った問題をやり直しさせるなら、次のページに書けばいいのです。それをわざわざ全部消しゴムで消して、書き直しさせるのは、お仕置きをしているのと同じです。消させるほうが、子どもにとって負荷が高いわけです。

お仕置きをする親は、それでスッキリするでしょう。子どものためになったという自己満足も得られるでしょう。でも、それでは子どもはノートを嫌いになります。勉強も嫌いになります。そして、親も嫌いになってしまうかもしれません。

ノートは子どもにとって身近なものだけに、このように叱る材料としても、うってつけなのです。子どもとしても、テストを見せるときはそれなりに身構えているでしょうが、ノートとなれば無防備です。日常のアイテムですから、油断しています。

それを、ここぞとばかりに攻め込むのは、正しい教育とは言えないでしょう。

指導する前に、まずは褒める

では、ノートを叱る材料にしないためにはどうすればいいのでしょう。


答えは簡単です。とても簡単な方法で、叱らずにすみます。

ノートを褒めればいいのです。


たとえば、書き取りノートを見るとします。心の中では「もっときれいに書けないのかな」と思っていても、その中でも比較的うまい字を見つけてやります。

そして、それにマルをつけて、**「この字はうまいね」**とか、**「この縦の線がきれいだよ」**と褒めます。

5個でも10個でも、できるだけたくさん褒める箇所を見つけるのです。


そして、ひどい字があったら、「あ、ちょっとこれ直してみようか?」と言ってみます。そうすると子どもは褒められて気分が良くなっていますから、精一杯きれいに直そうとします。きれいに書けたら、また褒めてあげるのです。

または、10個ぐらいマルをつけてから、こう聞いてみます。

「じゃあ直したい字ある？」

これは、効きます。こう聞けばたいてい、

「これを直したい！」

と返ってきます。

もう10個もマルをもらっているわけですから、自信満々なわけです。もっとマルをもらいたいから、子どもは自分からどんどん直していきます。直した字はマルをつけてやるのです。そうすると、自分で喜んで5個でも10個でも言います。

直したい字を言わない場合は、「じゃあこれとこれ直そうか」と提案してあげればいいのです。もちろん、全部を指摘するのではなく、1、2個にとどめます。

ノートを見て、何かを直させたい、教えたいというときがあるはずです。そういうとき、まずやるべきことは、褒めることです。まずがんばったことを褒めて、それから「こうしてみたら?」と提案してみるのです。

そうすると子どもは、驚くほど素直に取り組みます。

家庭での学習指導で悩まれている親御さんは、たくさんいらっしゃいます。でも私からすれば、うまくやる方法はとても簡単です。そしてそれは、誰にとっても簡単だと信じています。

教えよう、直そうと力まないことです。

まずわが子のがんばりといいところを見つけられるだけ見つけて、思い切り褒めてあげればいいのです。

たったそれだけのことで、家庭での学習指導はスムーズにいきます。その重要な媒介となるのがノートなのです。

6 ノートはどんなタイミングで見ればいい？

■宿題直後のチェックが効果的

いくらノートが大事だからといって、「ノートを見せなさい」としつこく迫るのは、子どもにプレッシャーを与えるだけです。かといって、思い出したとき気まぐれに見ているだけでは、勉強のつまずきポイントを見逃してしまいます。

できるだけ定期的に、生活に組み込んだ形でノートをチェックできるのがベストです。頻度もとても重要なのです。

ひとつの目安は、宿題が出たときです。

子どもが宿題をやったときに、ノートを見るのです。これが効果的です。

「即時確認の原理」というものがあります。何かの行動をとったとき、すぐに評価されたほうが、人はやる気が高まるそうです。

たとえば、計算問題を解いたあと、すぐお母さんに見てもらい、マルをつけてもらいます。間違ったところは、もう一度やってみます。その場で褒めてもらったり、直してもらうと、知識の定着がよくなります。

宿題をやった直後というのは、パソコンでいえば、電源がまだオンになっている状態です。まだメモリーが残っています。

その状態で褒めてもらえば、すごくうれしいわけです。直してもらう場合も、まだ内容を憶えている状態ですから、「ああ、そこを間違えちゃったのか」と、すぐ理解できます。

でも、2、3日経ってからでは、間違った箇所の記憶は薄れています。褒めてもらっても、それほどうれしく感じません。

子どもは好奇心旺盛で、心変わりも早いですから、他のことに興味がいってしまっているわけです。

「次もがんばるぞ」。子どもがそう思えるようモチベーションをキープさせるには、「即時確認」が大事です。

これがノートを見るタイミングの基本の考え方です。

「予定帳」を活用すれば、5分でOK

ノートを見るタイミングをうまく生活に組み込めれば、「しばらくチェックするのを忘れていた」「今学期は一度も見てない……」ということも起こりません。

でも、共働きの方など、思うように時間がとれない親御さんも増えています。

そんなときに、もっとうまく活用してほしいのが「予定帳」です。

学校では毎日、明日の授業の内容を予定帳に書きます。予習に備えたり、授業に必要なものを忘れないようにするためです。

89ページを見てください。

「持ち物」のところに、「本」「体育着」「習字セット」とあります。これを用意できたら、マルで囲ませます。「家での勉強」には「計ドP21」と「音読」とあります。

これらの宿題をやったら、またマルで囲ませます。**明日の準備ができ、関係するところをマルで囲んだら、その予定帳を夕食前に親に見せるようにしておく**のです。

そういう決まりを設けておけば、親がいちいち「明日の用意はできた?」「忘れ物ない?」と言わなくても、子どもは自分で明日の準備をすませることができます。これで、忘れ物も激減します。

予定帳もノートのひとつです。授業ノートとは違いますが、子どもの生活がつぶさにわかる記録です。予定帳に目を通しておくだけでも、子どもの学校での様子がよくわかるのです。

社会の授業内容に「農家の工夫」とあれば、「このあいだまで工業の勉強をしていたけれど、終わったんだな」とわかります。

6年生になれば歴史が始まりますが、予定帳を見ているだけで、徳川時代が終わり明治時代に入ったことなど、単元の変化がひと目でわかるのです。

「予定帳」で子どもの毎日が見えてくる

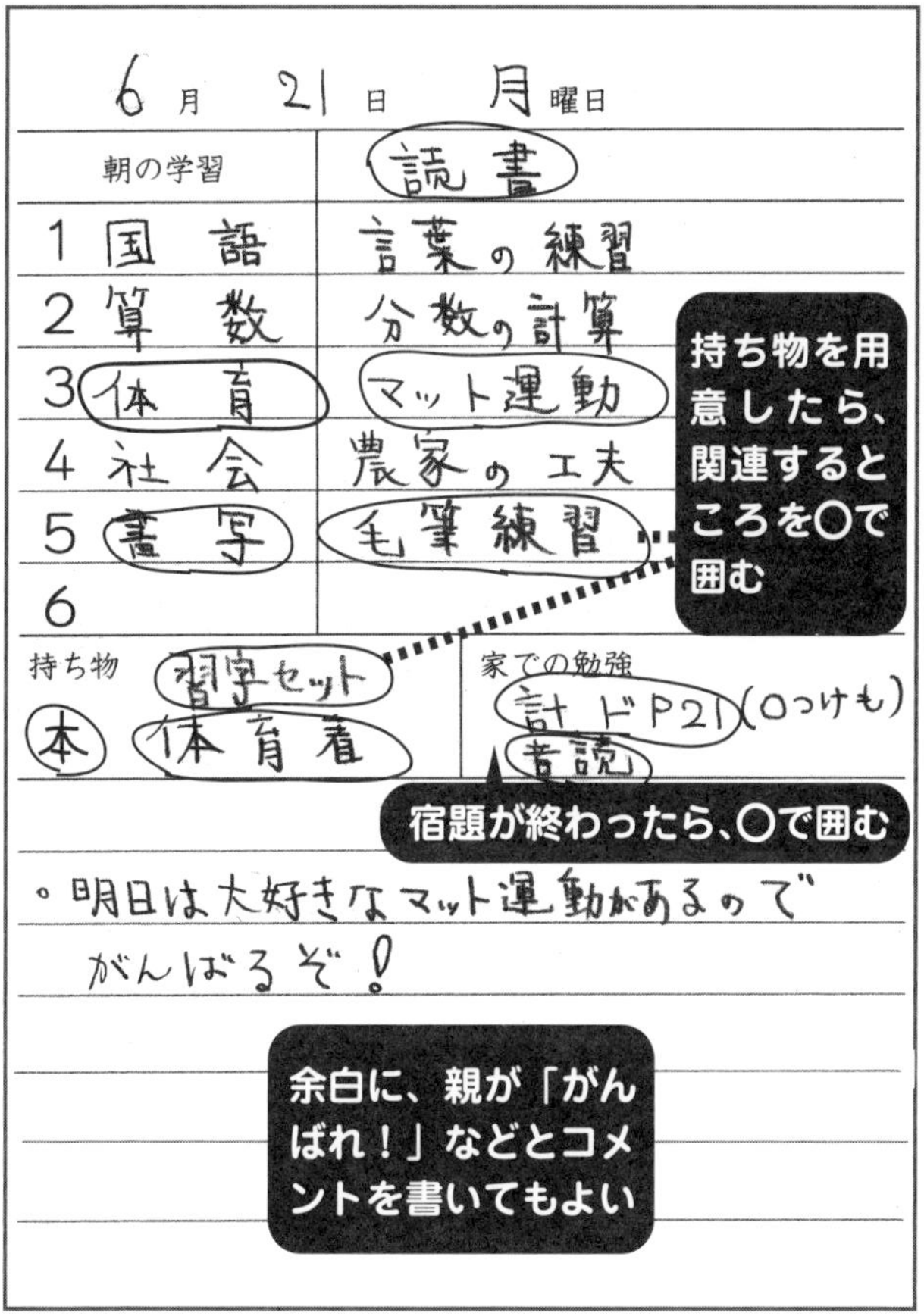
6月 21日 月曜日
朝の学習 読書
1 国語 言葉の練習
2 算数 分数の計算
3 体育 マット運動
4 社会 農家の工夫
5 書写 毛筆練習
6
持ち物 習字セット 本 体育着
家での勉強 計ドP21（○つけも） 音読
・明日は大好きなマット運動があるので がんばるぞ！
持ち物を用意したら、関連するところを○で囲む
宿題が終わったら、○で囲む
余白に、親が「がんばれ！」などとコメントを書いてもよい

このように、**「授業内容に変化があったときは必ず見る」**というようにしておくのも一つの方法です。

毎日、仕事や家事で忙しいのに、授業ノートを全部見ようと思うと大変です。そんなときは、予定帳と一緒に、気になるノートを1冊だけ見てみてはどうでしょう。これなら、気楽に短時間で見られます。

■もっと楽に「ノートを見る」システムを作ればいい

何事もそうですが、いくら気合を入れてもうまくいかないこともあります。でも、精神論だけでうまくいかないなら、うまくいくようなシステムを作ってしまえばいいと、私は考えています。

ノートをまめにチェックできるようなシステムを作ればいいのです。

それが、今言った、予定帳を利用する方法です。そしてもうひとつ紹介したいのが、携帯のアラームを活用する方法です。

たとえば、毎日、夕食は19時だとします。夕食前の18時でもいいし、夕食後の20時でもいいでしょう。その時間に鳴るようにアラームをセットしておくのです。携帯のほとんどが複数のセットが可能で、文字の入力もできます。**毎日、同じ時間、または、週に3日など設定して、「ノートを褒める」時間にする**のです。

共働きで忙しい方でも、とにかくその時間に携帯のアラームが鳴ったら、宿題をする子どものノートを覗いたり、「ノートを見せて」と言ってチェックします。何でもいいから褒めるところを見つけるつもりで、生活に組み込んでしまうのです。

システムを作れば簡単に進むことが、システムがないためにうまくいかないことはたくさんあります。

ついつい子どもを叱ってしまう人も、そうです。たとえば、夕食後、すぐに歯磨きするように言っても、子どもが聞かないとしましょう。

いつも夕食後、「歯磨いた?」と確認しなければなりません。機嫌のいいときはそれでもいいのですが、イライラしているときに子どもが歯磨きせずに、テレビを見ていると、「何回言えばわかるの！」と怒鳴ってしまいます。
そのうち、怒りが怒りを呼び、「本当にいつもだらしないんだから」「言うこと聞かないなら、テレビは見せません」と、子どもを激しく叱りつけることになってしまいます。
でも、夕食のとき、テーブルに歯ブラシを置き、「ごちそうさまでした、歯磨きをします」と言う習慣をつけていれば、何も言わなくても子どもは歯磨きをするようになります。テーブルに歯ブラシを置くだけで、歯磨きという行動が生活に組み込まれるのです。

これが、叱らなくてすむシステムの一例です。これと同じように、先に紹介した「ノートを見て褒めるシステム」も簡単に実践できるのです。

子どものことを第一に考えたからといって、親が苦労をしなくてはいけない、ということはありません。**親御さんも、もっと肩の力を抜いて、楽をしていいのです。**

子育てにおけるシステム化は、子育てを楽にする方法のひとつです。

第3章

親子で実践！「構造的」に書くノート術

たったこれだけで、できるノートに変わる！

■ノート術の基本は「構造的」に書く

本章では、「構造的に書く」ための具体的な方法について提案していきます。

どこに何が書いてあるのか、どこからどこまでがひとつの単元の勉強なのか、どこが学習問題で、どこが自分の考えで、どこがまとめか。それがひと目でわかるようにするのが、「構造的に書く」ということです。

決して、きれいな字で書くこと、「美しさ」を追求するのではないことを、ここでもう一度頭に入れておいてください。

ノートは、授業の記録であり、子どもの勉強の基本になるものです。理解しやすいように書かれていれば、勉強に役立てやすく、能率が上がります。

つまり、構造的に書かれていれば、勉強の内容が**「構造的なまま、子どもの頭の中に入る」**のです。これが何より大切なことです。

構造的という言葉は、難しそうに聞こえるかもしれませんが、実際は簡単なことの積み重ねです。

「これを知ったら今日から一気に子どもが変わる！」という劇的なものではありませんが、少しずつ教えることで、少しずつ子どもの思考力や知識の定着に変化が現れるはずです。

そして、子ども時代にノートで身につけた力は、大人になっても子どもを支える重要なファクターになってくれます。

■子どものノートを開いてみよう

当たり前のことですが、子どもが学校でノートを取っているとき、親はそばにいて注意してあげることができません。親が子どものノートを見られるのは、家で宿題や予習、復習をしているときでしょう。

たしかに、子どもがノートを活用するメインの場所は学校ですが、親の出番がないわけではありません。

むしろ私は、**家庭での親とのちょっとしたやりとりが、子どものノートの書き方を変える**と思っています。

家庭では、ここで挙げたノートの書き方ができているかどうか、まずはチェックしてみてください。できていれば、大いに褒めてあげてください。そして、もっともっと子どものやる気を引き出してあげてください。

でも「これは大変だ」というくらい、ノートの取り方が良くなかったら……。

「ダメじゃないの。○○しないと」
「そうじゃなくて、こう書くのよ」

と、つい「指導」してしまいそうになると思います。

が、そこをぐっと我慢してほしいのです。

〝合言葉作戦〟で楽しい！　親子のやりとり

私も教師時代に、どうすれば子どもたちが積極的にノートの工夫をしてくれるのか考えたことがあります。そして、ある方法を思いつきました。

それが〝**合言葉作戦**〟です。

「こう書きなさい」と指導、命令するだけでは、子どもはなぜそう書かなければならないのか理解できません。

「こういう理由があるから、○○しないように書きなさい」と、理由を説明することもできるでしょう。

でも、聞いている子どもは、回りくどく、お説教くさく感じてしまうのです。楽しくないのです。

そこでたとえば、

「詰めて書かないように」と言うのではなく、

「満員電車は？」と問いかけます。

子どもは、
「息苦しい～！」と大声で返します。

そして次に「満員ノートは？」と言うと……

さて子どもはどんな合言葉で返してくるのか、それは以降に譲りましょう。

親御さんにも、この〝合言葉作戦〟をどんどん実践してほしいと思います。
合言葉があれば、「○○しなさい」と口をすっぱくして言わずにすみます。
ノートをちらっと見て、**「○○は？」と子どもに明るく呼びかければいい**のです。

では、具体的なノート術を紹介していきます。

その①「日付」を書く

ノートに何かを書くときは、最初に必ず日付を書くようにします。まず、これを習慣づけることから始めます。

ノートに記録されていることは、子どもにとって大事な情報です。大人の世界でもそうですが、情報は「いつ」、「どこで」という2つがしっかり記録されていることが必要です。

子どもの場合、「どこで」は、学校か家庭か塾といったところに限られますから、書く必要はありませんが、**「いつ」の勉強だったか思い出すための日付は、復習などの際、とても重要になってくる**のです。

この日付にも、書き方があります。

私は、ノートの欄外に書くのをお勧めしています。教師によって指導方法はまちまちで、ノートのマスや罫線の最初に書くことを勧めることもあるようです。でも、そこに書くと、勉強の内容とごちゃまぜになってしまい、見にくいのです。

欄外に書いたほうが、パラパラとノートをめくっただけで日付が目に入るので、より構造的で見やすくなります。

「○月○日」と書くことで、漢字を使う練習にもなりますが、そのぶん能率が落ちます。

授業中、比較的書く時間をたっぷりとれる低学年のうちは「○月○日」で、中学年以降は、簡単に「○／○」と記すので十分です。

サッサッと日付を書ければ、授業や自主勉強に集中できます。

曜日についても、必ずしも必要ではないでしょう。ただ、子どもの場合は、1週間単位の時間感覚が身についていています。

ですから、曜日を記しておくことで、「ああ、先週の水曜日にやった問題だ」と思い出し、勉強に取り組みやすくなるメリットもあります。

日付を書くことが、ノートの基本！

3年生算数

日付
5/30 金
先問
① 1分＝60秒
② 2分＝120秒
③ 3分＝180秒
④ 4分＝240秒
⑤ 5分＝300秒

6年生国語

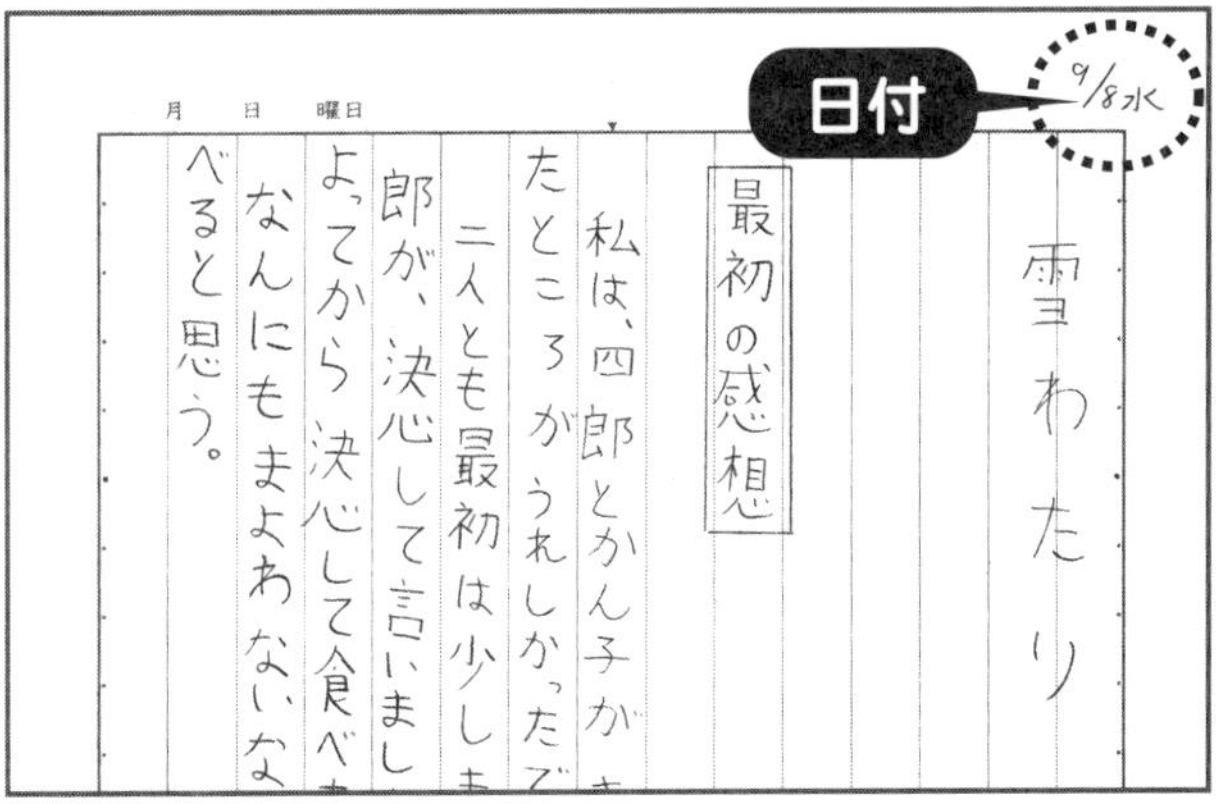

日付
9/8水
月 日 曜日
雪わたり
最初の感想
私は、四郎とかん子が
たところがうれしかった
二人とも最初は少し
郎が、決心して言いまし
よってから決心して食べ
なんにもまよわないな
べると思う。

大人になって情報化社会に生きていくうえでも、日付を書く習慣というのは必ず必要になってきます。

大学生や社会人になってから、ちょっとしたメモ書きをする際も、日付の裏づけがあるかないかで、情報の価値が変わることもあるからです。

これで完璧！親子の合言葉①

親「最初に書くのは？」

子「今日の日付！」

その②「見出し」を大きく書く

ノートを開いたとき、「どこに何が書いてあるのか」ひと目でわかるようにするために必要なのが見出しです。

たとえば、理科で『電気のはたらき』の勉強を始めるとします。

そのとき、ノートの一番最初に「電気のはたらき」と書きます。これが単元名です。単元名を大きく、目立つように書いておけば、おさらいで見返したとき、「あ、ここは電気について勉強を始めたところだ」とすぐにわかります。

次ページの例を見てください。

これは、「電気のはたらき」の3回目の授業のノートです。

そこで、2回目以降は単元名ではなく、「どんなとき明かりがつくのか?」といっ

小見出しで、さらに全体の流れがよくわかる！

3年生理科

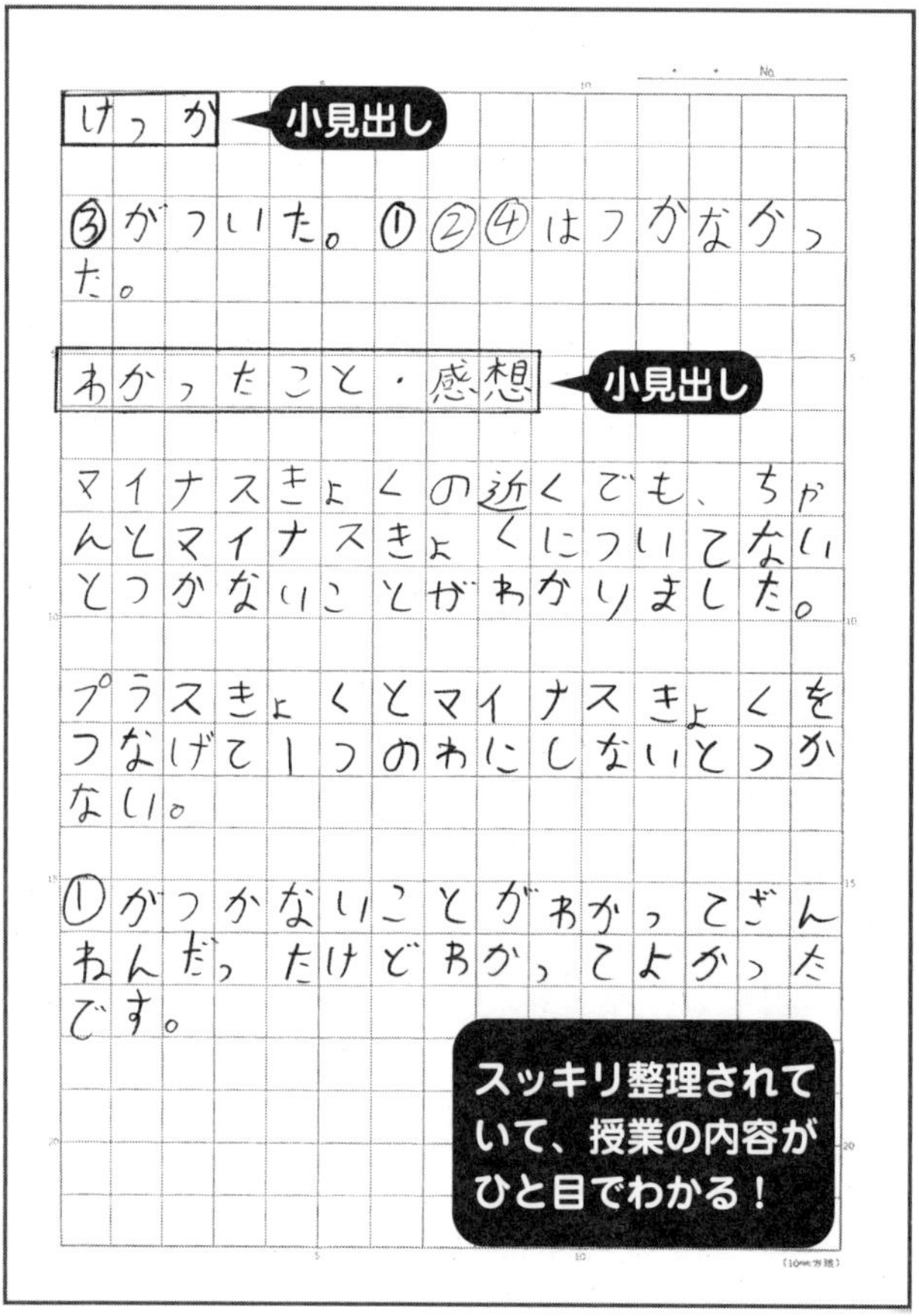
けっか

③がついた。①②④はつかなかった。

わかったこと・感想

マイナスきょくの近くでも、ちゃんとマイナスきょくについてないとつかないことがわかりました。

プラスきょくとマイナスきょくをつなげて1つのわにしないとつかない。

①がつかないことがわかってざんねんだったけどわかってよかったです。

小見出し
小見出し
スッキリ整理されていて、授業の内容がひと目でわかる！

「単元名」や「学習問題」を大きく書く！

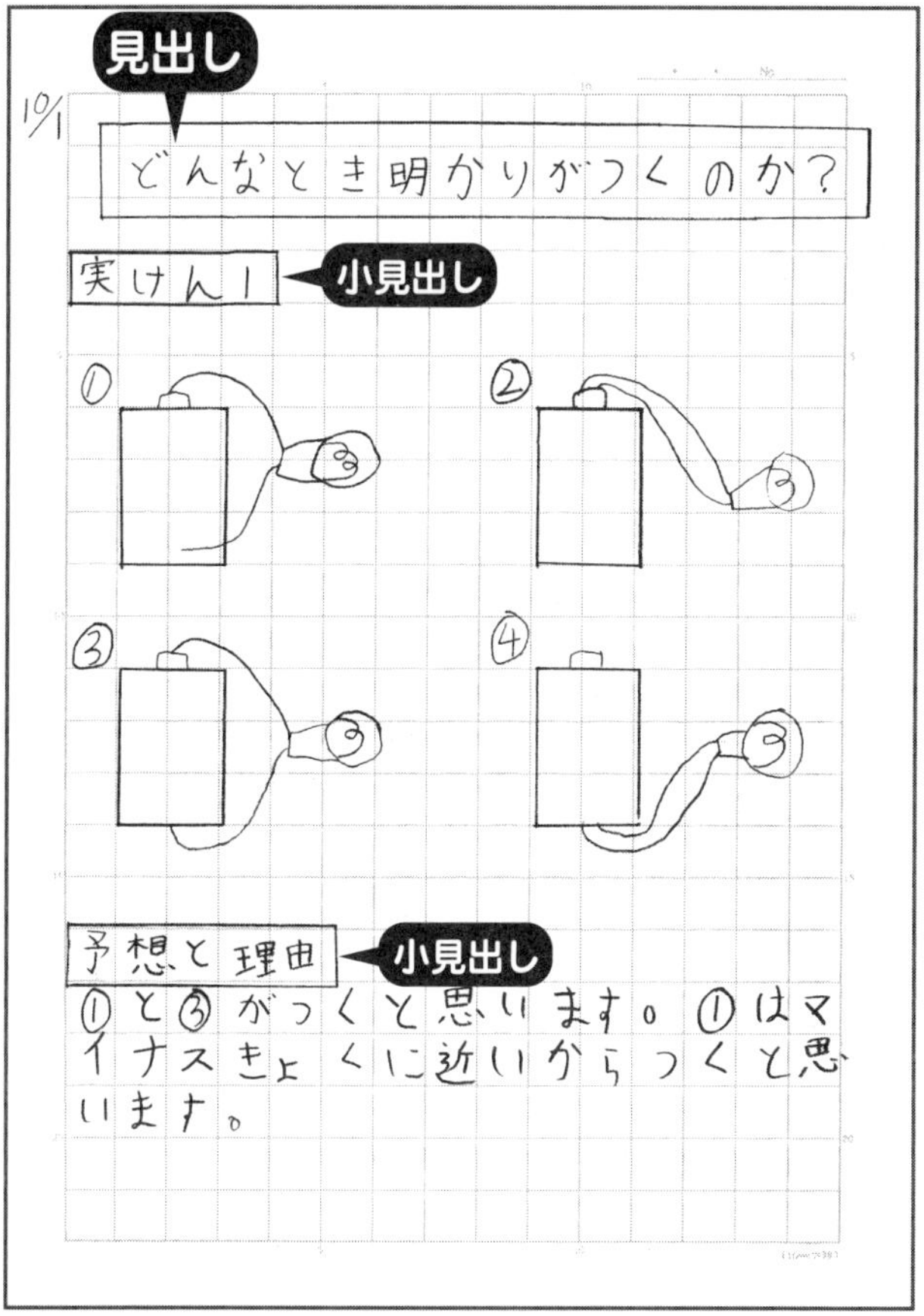

見出し
10/1
どんなとき明かりがつくのか？
実けん1
小見出し
①
②
③
④
予想と理由
小見出し
①と③がつくと思います。①はマイナスきょくに近いからつくと思います。

た学習問題を書きます。その日の授業テーマを最初に大きく記すのです。

このように、**単元名や学習問題を書いておけば、それがノートの見出しの役割をしてくれます。**

ノートの始まりに見出しを書くことが習慣づけられれば、今、何の勉強をしていて、何を記録しているかが明確になります。

そして例のように、**「実けん1」「予想と理由」「けっか」「わかったこと・感想」といった小見出しをつけていく**ことで、授業内容を自分で整理しながら書けるようになっていきます。

これらをまとめて、順序立てて書いていけば、次の授業のとき、すんなり内容に入っていくこともできます。はじめにさっとノートを見渡せば、前回までの流れを思い出せるのです。

もちろん、ノートの続きもすんなり書いていくことができます。整理されているノートは、その続きを書くときにも、書きやすいのです。

国語なら『ごんぎつね』の単元の中で、いろいろなことを学ぶでしょう。感想を書くときは、「感想」という見出しを書き、難しい語句の意味を調べるときは、「意味調べ」という見出しを書きます。

こうしたくり返しで、子どもの頭はしだいに構造的に変わっていくのです。

これで完璧！親子の合言葉②

親「ノートの出だしは？」

子「見出しでキメよう！」

その③「関連するページ」を書く

計算ドリルをたくさんやったのに、あとからノートを見ると、どのページの問題なのかわからなくなった……ということが、子どもにはよくあります。

このようなことが起こらないよう、ノートには、関連する教科書、ドリル、副読本、参考書の名前とページを書くことが大事です。

授業ではよく、単元の終わりやひと区切りついたとき、ノートに「まとめ」をします。

『生き物とかんきょう』についてまとめるとき、「生き物は空気、水、食べ物を必要とする」と書くだけでなく、**教科書の何ページにそれが載っているか**一緒に記しておけば、復習のとき便利です。

「関連するページ」を書くと復習にも便利！

6年生理科

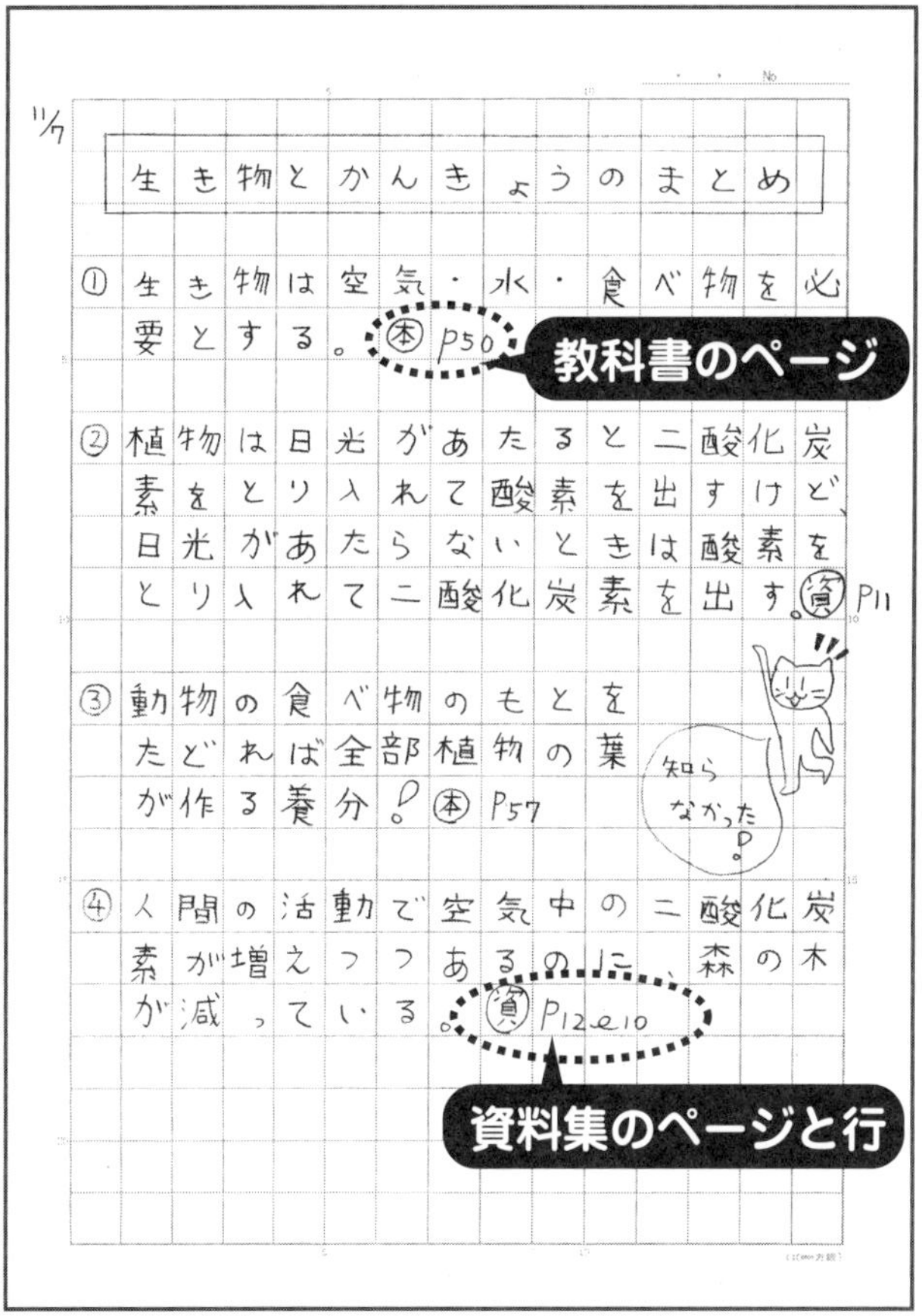
11/7
生き物とかんきょうのまとめ
①生き物は空気・水・食べ物を必要とする。㊍P50
教科書のページ
②植物は日光があたると二酸化炭素をとり入れて酸素を出すけど、日光があたらないときは酸素をとり入れて二酸化炭素を出す。㊮P11
③動物の食べ物のもとをたどれば全部植物の葉が作る養分！㊍P57
知らなかった！
④人間の活動で空気中の二酸化炭素が増えつつあるのに、森の木が減っている。㊮P12 l10
資料集のページと行

また、授業の復習や自習勉強で副読本や参考書を使って調べたときも、その本のタイトルとページを書いておきます。

学年が上がるにつれて、子どもは教科書以外のものを参照する機会が増えていきます。このようなときに、自分が何のどこを見て書いたのか、自分の足取りを記録しておくことが、復習やテスト勉強にも役立つのです。

また、このように勉強した内容に関連する教科書、ドリル、資料、副読本のページを書く習慣をつけると、ごく自然に、ノートと教科書、ノートと副読本の結びつきが、子どもの頭の中に生まれます。

「○○についてわからないときは何を見ればわかる」と自分で判断できるようになり、それらを使いこなせるようになるのです。

さらに、中学、高校と進むにつれ、授業で扱う資料も増え、情報は多様化します。データの出所、由来をちゃんと自分で管理することが、この先ずっと、生きていくうえで求められるのです。

そういうセンスや能力が、小学校時代のノートで養われていきます。小さなことをコツコツくり返すうち、身についていくのです。

さて、書き方ですが、「教科書」といちいち書くのは面倒なので、「(本)　P34」というふうに略して、自分がわかるようにしておきます。

資料集なら「㊮　P22」

計算ドリルは「計ド　P40」

「教科書34ページの6行目」と記録したいときは、「(本)　P34　ℓ《エル》6」

いろいろな書き方が工夫できます。

こういう略語や略記号を考えられるのも、言語能力のひとつです。

自分で作った略記号で書けば、ノートにより愛着がわきます。そして、ノートをより構造的に書き、構造的に理解できるようになります。

略し方については、先生が指導し、クラスで統一されている場合があります。そのときは、指示に従ったほうがいいでしょう。

**これで完璧！
親子の
合言葉③**

親「ノートと教科書はバラバラよりも？」

子「一緒がうれしい！」

その④「問題番号」を書く

子どもがつい忘れてしまうのが、計算問題や学習問題などの番号をノートに書くことです。

まず、次ページの左右のノートを見比べてください。

言うまでもなく、構造的で見やすいのは左ページのノートです。

計算問題の番号を振っているかいないかで、ノートにはこれほどまでに大きな差ができてしまうのです。

教師が指導しないと、なかなか左ページのようにはいきません。低学年のうちは、たいてい右ページのようになってしまいます。

子どもはいつも、目の前のことに必死なのです。まず間違いなく、大きな問題番号[1]や、番号①を素通りして、「6×2」の数式を見ています。

「問題番号」がないと、見直しにくい…

2年生算数

1/8 6×2=12 8×3=24 1×2=2
7×1=7 6×7=42 9×4=36
7×8=56 9×9=81 7×3=21
しき6×4=24こ たえ24こ
しき7×8=56こ たえ56こ
10問目が抜けている
×…「どこに何があるのか」が、わからない！

「問題番号」を書くだけで、こんなにわかる！

2年生算数

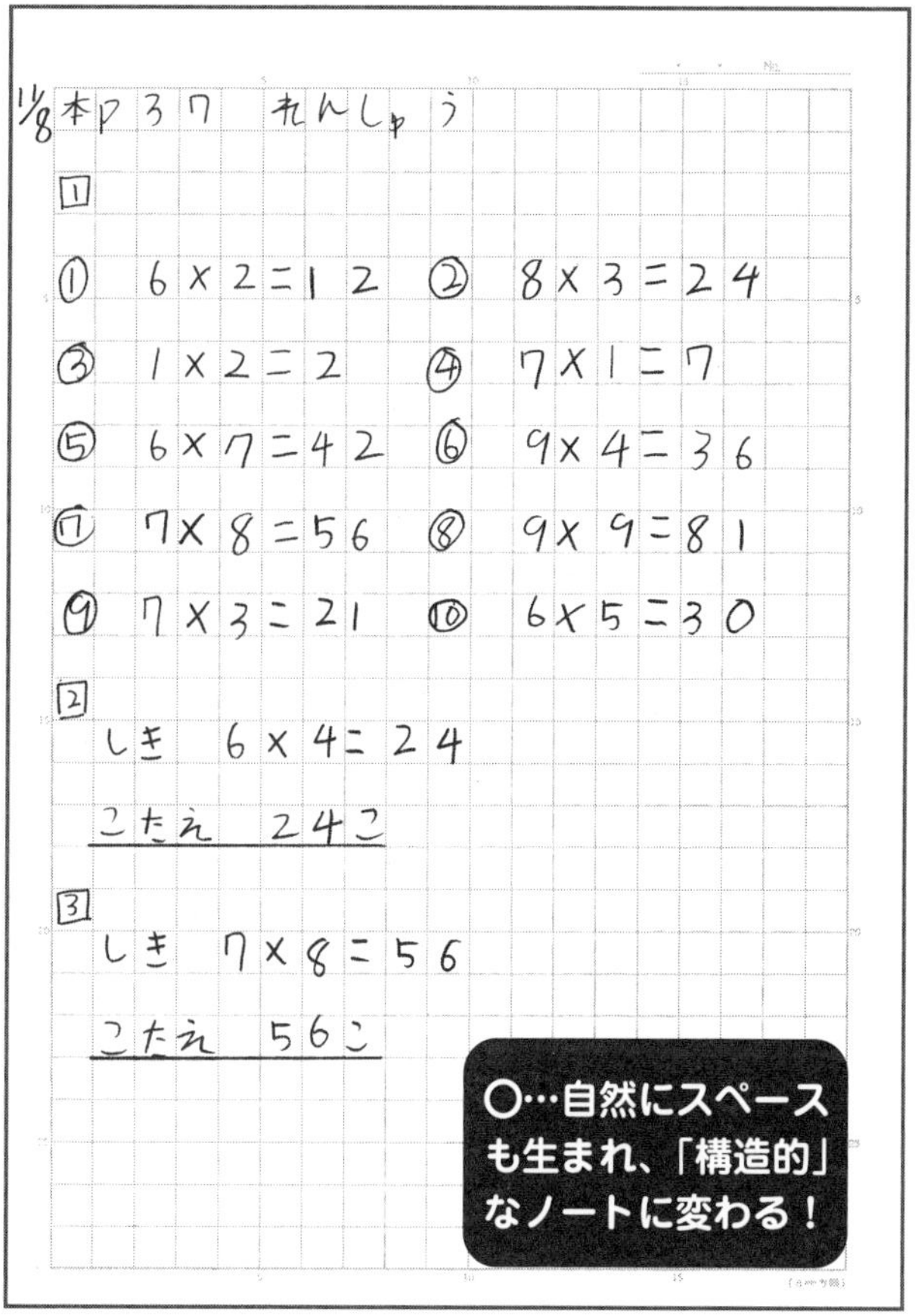
11/8 本P37 れんしゅう
1
① 6×2=12 ② 8×3=24
③ 1×2=2 ④ 7×1=7
⑤ 6×7=42 ⑥ 9×4=36
⑦ 7×8=56 ⑧ 9×9=81
⑨ 7×3=21 ⑩ 6×5=30
2
しき 6×4=24
こたえ 24こ
3
しき 7×8=56
こたえ 56こ
○…自然にスペースも生まれ、「構造的」なノートに変わる！

だから、番号を書かず、「6×2」から書き始めてしまうのです。

そして、①から②に進むときも、次々と計算式を書いてしまいます。

それで、ギチギチに詰まった見にくいノートになってしまうのです。放っておくと、こういう書き方になる子はたくさんいます。


正直に言って、右ページのようなノートは、勉強の能率を上げるとは思えません。

たとえば授業中に「5番目の問題を見てください」と言っても、書いた本人すら、その問題を探すのにひと苦労でしょう。

そして、採点する教師にとってもひじょうに見にくくて、困りものなのです。


番号をつけることで、勉強内容の流れやつながりがはっきりしてきます。とても大事なことなので、教科書やドリルの問題をノートに写すときは番号も一緒に書くよう、学校でも指導されているはずです。

授業中、計算練習などをやらせるとき、教師が「では、○ページの問題を解いてみましょう」と呼びかけます。そして、「問題の番号を書いて始めましょう」と促します。このようにその場で教師に言われれば、子どもは番号をノートに写します。

でも、家で宿題をするときは番号を書かないという子も多いのです。

低学年のうちは、番号を書く意味がわかっているわけではありません。でも不思議なもので、**番号を振るように指示すると、ギチギチに詰めて書くことは劇的に減ります。**

まず、大きな問題番号の1を書きます。最初は無意識でも、1と書くだけで、これが先ほどお話した「見出し」の役目を果たすことが、子どもにもうっすらわかります。そして、その大きな問題1の中に、10個の掛け算の数式があることを理解しながら書いていけます。

番号を振るだけで、見やすく書こうという意識が高まります。それで、1マス空けたり1行余裕をもたせたりして、左ページのように構造的に書くこともできるようになるのです。

ただ、残念なことに、低学年のうちは、教師が促さなくなると、番号を書くのを忘れてしまう子が少なくありません。

そこで、親御さんの出番なのです。ギチギチに詰まったノートになっていたら、合言葉で、番号に意識を向けさせてください。

番号をつけることで、どこに何が書いてあるかがわかるようになります。

復習するとき、ノートの内容が教科書のどこに該当するのかもすぐわかるようになります。番号も大事な情報なのです。

これで完璧！
親子の
合言葉④

親「番地がない家は？」
子「場所がわからない！」
親「番号がない問題は？」
子「場所がわからない！」

その⑤「間」を空ける

新しい勉強が始まって単元名や題名を書くときは、前の勉強との間を十分に空けます。

また、「実験結果」「最初の感想」などと見出しをつけるときも、必ず前の部分と1、2行の間を空けます。見出しをつけないところでも、内容が変わるときには間を空けます。

こうして**間を空けることで、全体の構造がはっきりしてわかりやすくなります。**

低・中学年の算数の授業では、方眼黒板をよく使います。

1問目の式を黒板に書き、「じゃあマス目を2つ空けて、2問目を解いてみよう」と言って書いて見せます。

するとたいていの子は、ノートにその通り2マス空けて2問目を書き始めます。

しかし、計算ドリルを自分でやらせると、マス目や行を空けることを忘れ、ギチ

詰まりすぎて、問題も答えもわかりにくい！

3年生算数

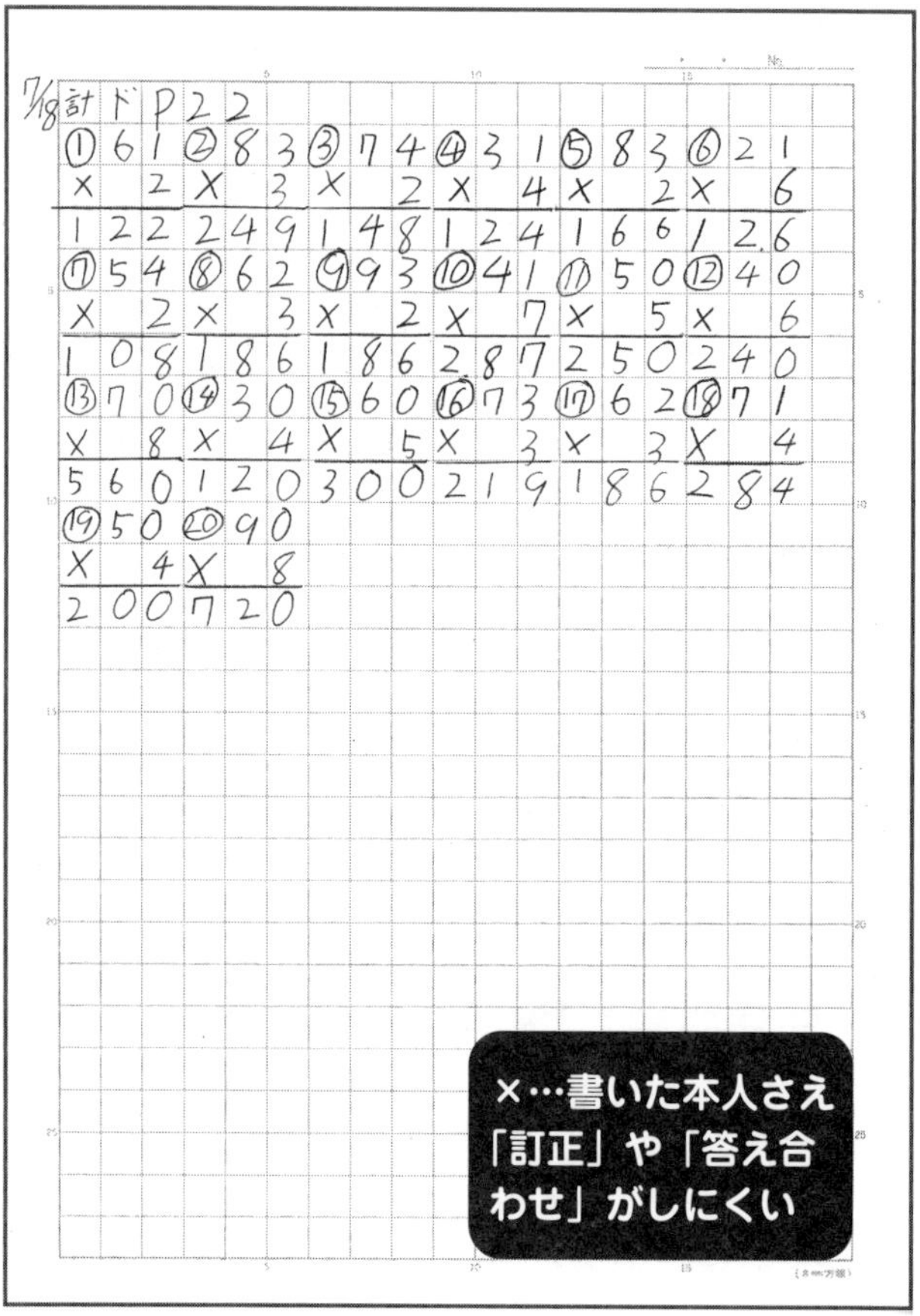
×…書いた本人さえ「訂正」や「答え合わせ」がしにくい

間を空けると、こんなに見やすい！

3年生算数

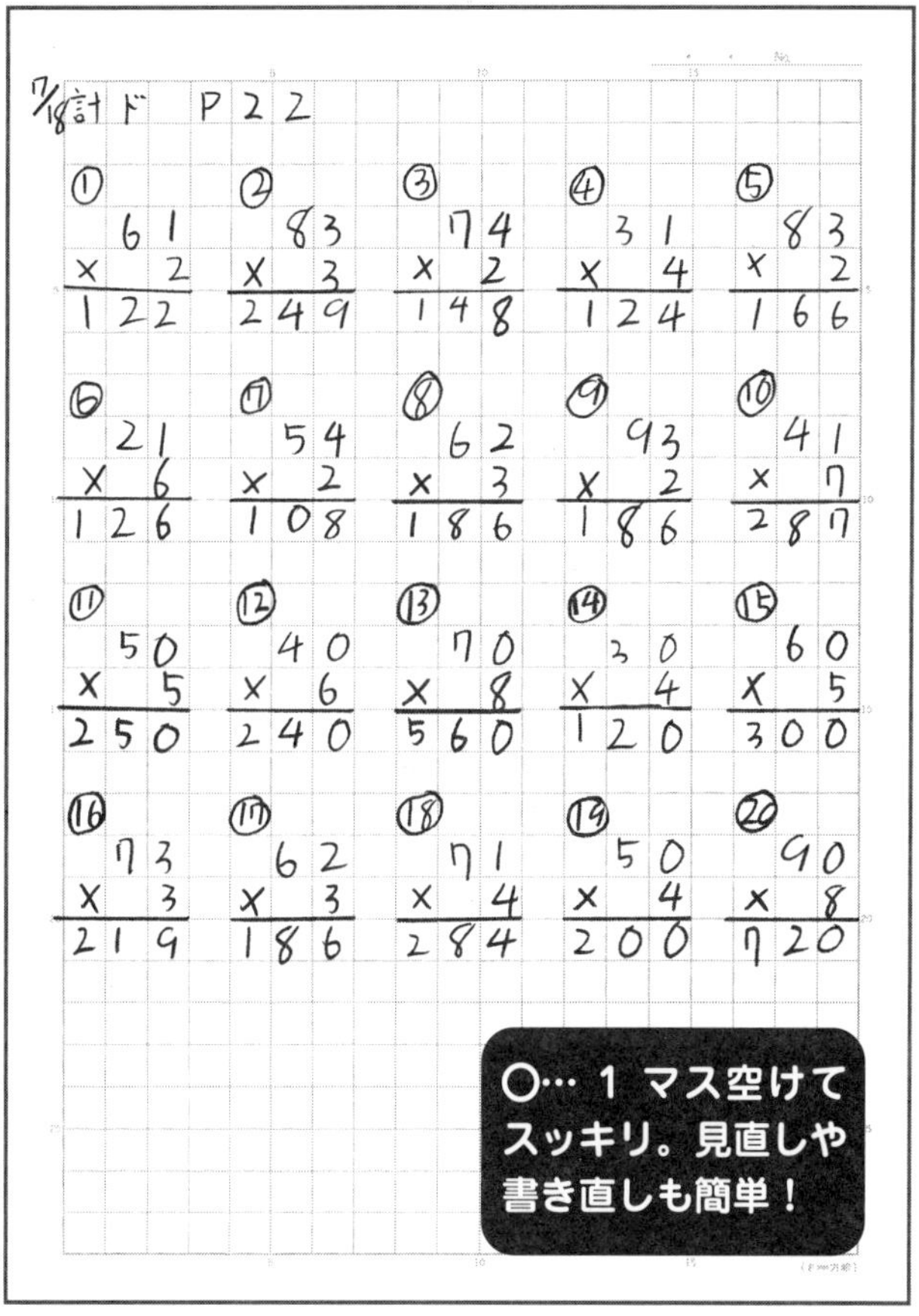
○… 1マス空けてスッキリ。見直しや書き直しも簡単！

ギチに詰めて書いてしまいます。

間を空ける大切さをわかっていないからです。

それと、「早く問題を解きたい」という気持ちが強いからです。

授業中ならとくに、誰よりも早く問題を終えて、「できました！」と手を上げたいのです。また、単におっちょこちょいだったり、あわてんぼうのため、急いで書いたらゴチャゴチャに詰まってしまったということもあります。

たとえば、前ページのように、筆算を1問解いたら、1マス空けて次の問題を書く。①から⑤まで1段目に書いて、⑥で次の段にいくときも、間を1行空ける。

この「1マス」「1行」を空けることが、子どもにはなかなか理解しづらいのです。

ただ、口うるさく「間を空けなさい」と指示しても、子どもたちにはその重要性がわかりません。

そこで私は、上手に間を空けてあるノートと、空けてないノートの見本を作って子どもたちに見せました。

画用紙の大きさに拡大して、子どもたちにどちらが見やすいか考えさせました。そして、常に意識できるように教室に掲示しておきました。

それと、次のような合言葉を使って子どもたちへの定着をはかりました。

「満員電車は？」と呼びかけると、子どもが**「息苦しい」**と返します。つづけて、**「満員ノートは？」**と問うと、子どもたちは**「見苦しい」**と答えます。

子どもたちはこういう合言葉が大好きなので、楽しみながら定着させることができます。

実際、詰めて書いているノートは、目がチカチカしそうなだけでなく、使いづらいのです。

間が空いていれば、掛け算でくり上がりを間違えてしまったときも、あとで訂正して書き直すことができます。授業中に気づいたことをメモすることもできます。

余白があれば、そういう気づきやメモを積極的に書く気持ちも起こります。勉強の良い循環を作ってくれるのです。

国語、理科、社会でも、見出しを書いたあとは1、2行空けます。線で囲んだところや赤線で強調したところも、前後に間を空けることでさらに際立たせることができます。どうしても空けられないときは、区切りの線で区別します。

こうしたことを定着させていくのは、子どもとの根気比べです。

これで完璧!
親子の合言葉⑤

親「満員電車は?」
子「息苦しい!」
親「満員ノートは?」
子「見苦しい!」

その⑥「縦横の通り」を揃える

パッと見て、「整理して書かれているな」と感じるノートは、縦と横の通りが揃っています。

たとえば算数の筆算で、1問目の隣に、2問目、3問目と解いていくとします。どれも同じ通りに書けば、当然横のラインは揃います。

「マス目や罫線があれば、横のラインが揃うのは当たり前では？」と思うかもしれませんが、低学年の場合は、それすら難しい子もいます。2問目を1行下や上に書いてしまい、デコボコになることも少なくないのです。

ただ、横の通りは、ちょっと教えればすぐ理解できます。

難しいのは縦の通りです。高学年にとっても、こちらはそう簡単ではないのです。

128ページのノートを見てください。

3問目を解いて、4問目へ進む場合、子どもの視野には、さっき解いたばかりの3問目が見えています。ですから、そこを基準に横を揃えられます。5問目は3問目の真下ですから、縦のラインも揃えやすいでしょう。

しかし、6問目になると、だんだん難しくなってきます。

隣の5問目と横のラインを揃えながら、上の4問目と縦のラインも揃えなければならないのです。

つまり、6問目を書き始めるとき、**隣と上まで視野を広げなければならない**のです。6問目では、もうノートの半分までできています。

中学生や高校生なら簡単につかめる距離感も、小学生にはとても広いスペースに感じられるのです。

それに、4問目を解いてから、時間も経っています。子どもは一問一問に全力投球、集中します。4問目は真上にありますが、子どもからすれば〝**ずいぶん前に解いた**〟**もの**。そこに意識を向け、縦の通りを揃えるまで神経が行き届かないのです。

横については条件反射的に揃えることができます。

しかし、縦を揃える必要性は、あまり感じていないことが多いようです。

そこで、128ページの7問目のような位置に、つづけて書いてしまいます。「空いてるから、書いちゃえ」という感じです。

そうすると、縦の通りはぐちゃぐちゃです。しかも、最後は書くスペースが狭くなって計算間違いの原因になりかねないのです。

筆算が始まる2年生からは、縦と横の通りを意識させ、構造的に書く習慣をつけることが大事になってきます。

縦と横を通すための助けになるのが、先に紹介した「番号を書く」ことです。

計算問題の頭に番号があれば、それが次の問題を書くときの目印になります。番号を揃えようという意識が働き、自然に縦と横をさっと見渡し、適切な位置から書き始めることができるのです。

タテヨコ揃えるのは、意外と難しい…

3年生算数

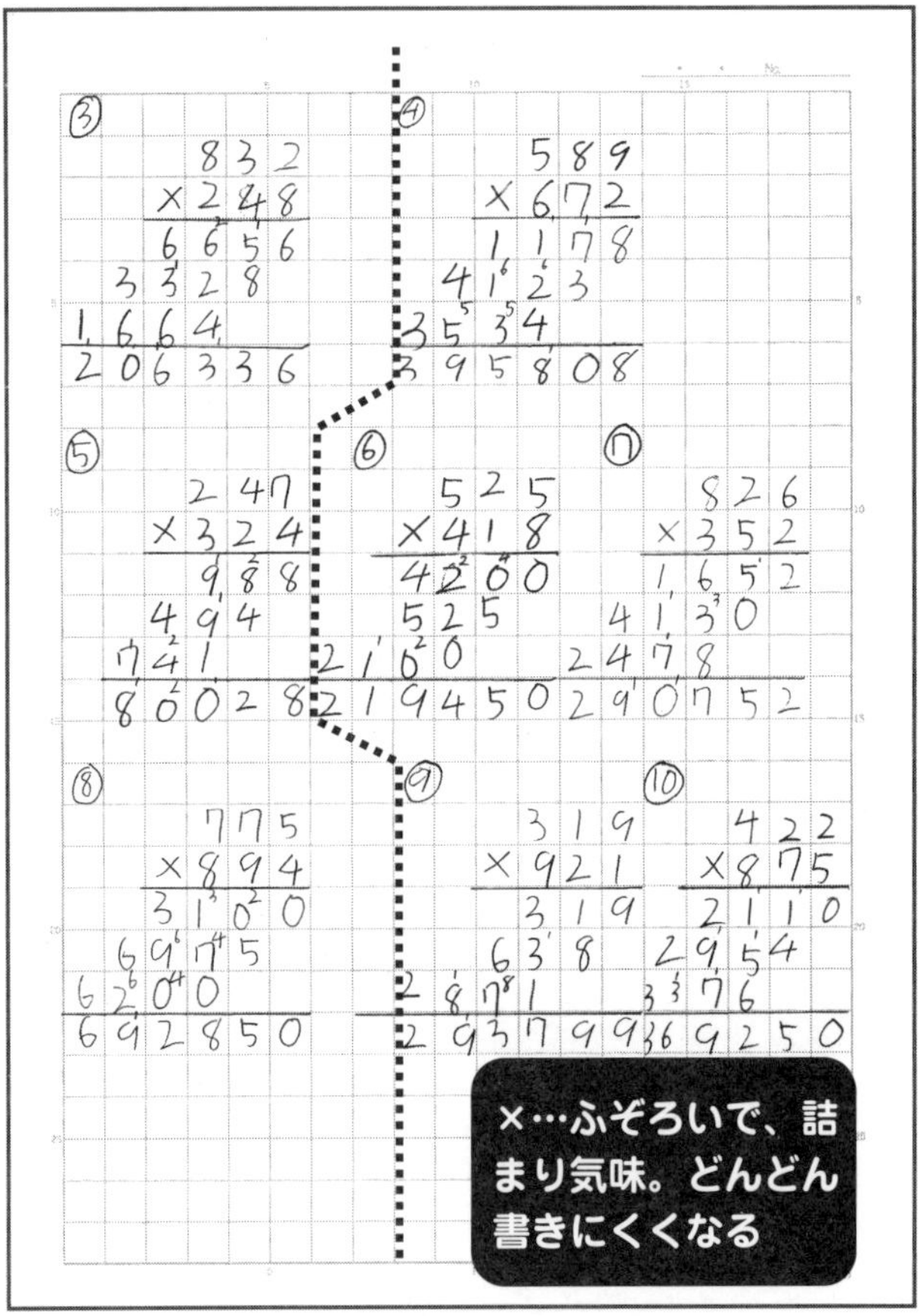

×…ふぞろいで、詰まり気味。どんどん書きにくくなる

タテヨコ揃うと、こんなにきれい

3年生算数

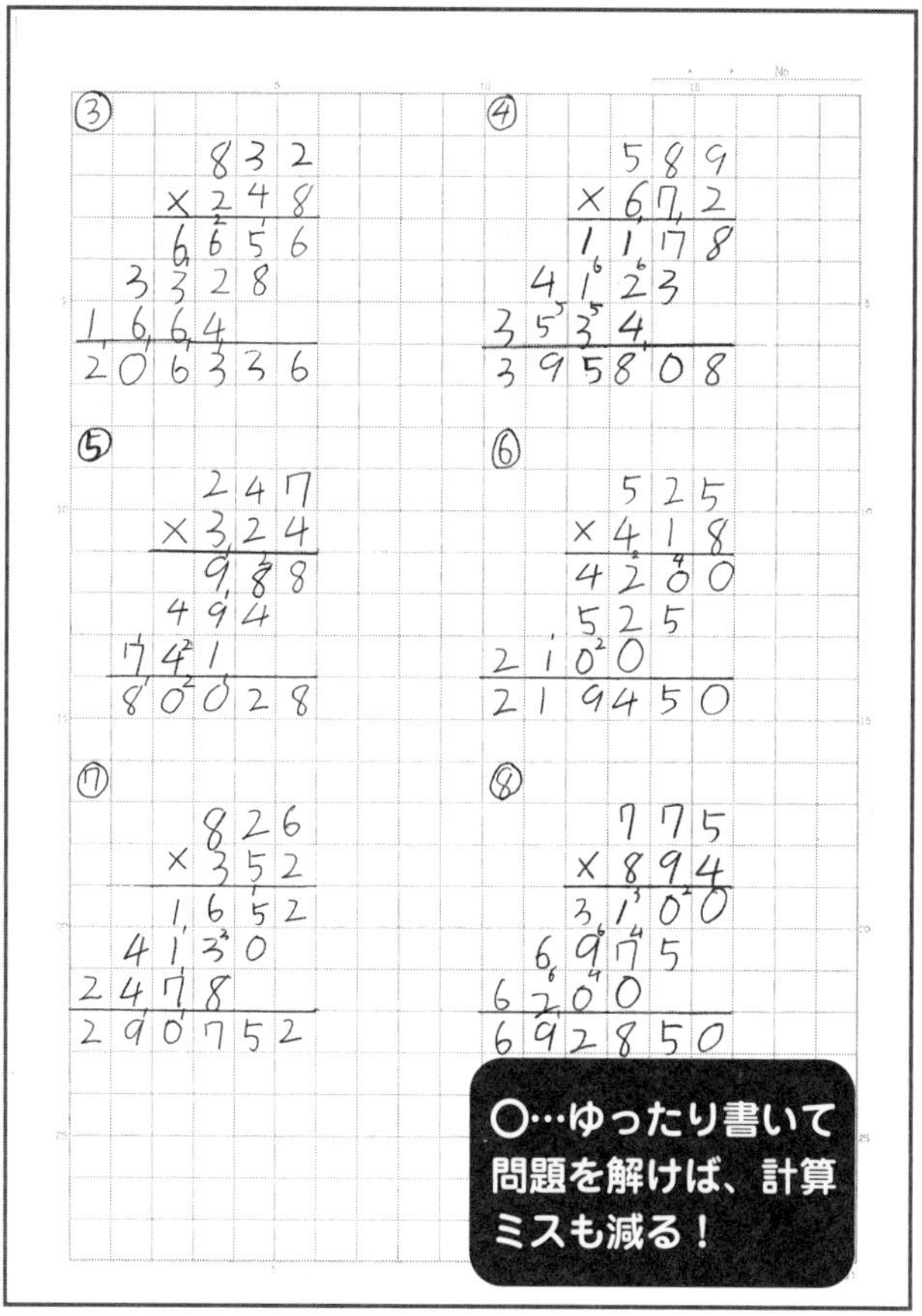

今、このように説明しても、「そこまで几帳面にする必要があるの?」と感じられる親御さんもいらっしゃると思います。でも、その必要はあるのです。

構造的に書けると、子どもも気持ちいいものです。見やすいノートのほうが勉強しやすいとわかってきます。

さらに、算数の筆算で縦と横を揃えて構造的に書くことは、他の教科のノートを構造的に書くためのトレーニングにもなるのです。

これで完璧！親子の合言葉⑥

親「タテヨコそろうと?」

子「気持ちいい！」

その⑦ 無理に詰めない

子どもの中には、ノートに余白が残ることに抵抗を感じる子もいるようです。「なんとなくもったいない」とか「書けば書けるのに……」などという気持ちがあるのだと思います。

でも、この「余白はもったいない」という気持ちは、構造的に書くためには絶対に乗り越えなければならない壁のようなものです。

たとえば、国語で『雪わたり』の単元が終わったら、次の単元名を書きます。ところが、どこで『雪わたり』が終わり、どこから新しい単元が始まったのか、よくわからないノートもあります。

そういう大きな流れがつかみにくい理由の大半は、ノートに余白がなく、詰めて書いてあるのです。

構造的なノートの書き方が身についてきた子は、**ひとつの単元が終わったら、それがページの途中でもそこで終え、新しいページから次の単元を書き始めます。**

たとえば、社会で工業の勉強から農業の勉強に変わるときなどです。もったいないけど、余白を残して、次へ進むのです。

そういう子には、134ページのように、「計ドP12」をつづけて書いてしまうことが、気持ち悪くなってしまうのです。段を変えるなり、ページを変えるなりしないと、頭の中がごちゃごちゃになってしまいそうに感じるのです。

こういうとき、子どもにも葛藤があると思います。「つづけて書こうか」「どこに書こうか」「どう書けば見やすいだろうか」……。

そうやってノートを前に考える経験をした結果、構造的に書くコツがだんだんつかめてくるのです。

そして、134ページのようなノートから、135ページのようなノートに変わっていきます。

段を変えるだけで、どこが終わりで、どこが始まりか一目瞭然なのが、おわかりいただけるでしょう。

135ページのノートは、右上に大きく空いた余白があります。

私はこうした余白を〝**空き地**〟という言い方で子どもたちに説明していました。

「新しい単元に入るから、空き地はそのままにして、次のページから書き始めましょう」といった具合です。

空き地は一見ムダに見えますが、実はとても大切な場所です。

このようなイメージしやすいキーワードを使うと、ノートに関するアドバイスも伝わりやすくなります。

親御さんが子どものノートを見たとき、空き地がたくさんあったら、「すごい、

単元などの「大きな変わり目」は空ける

4年生算数

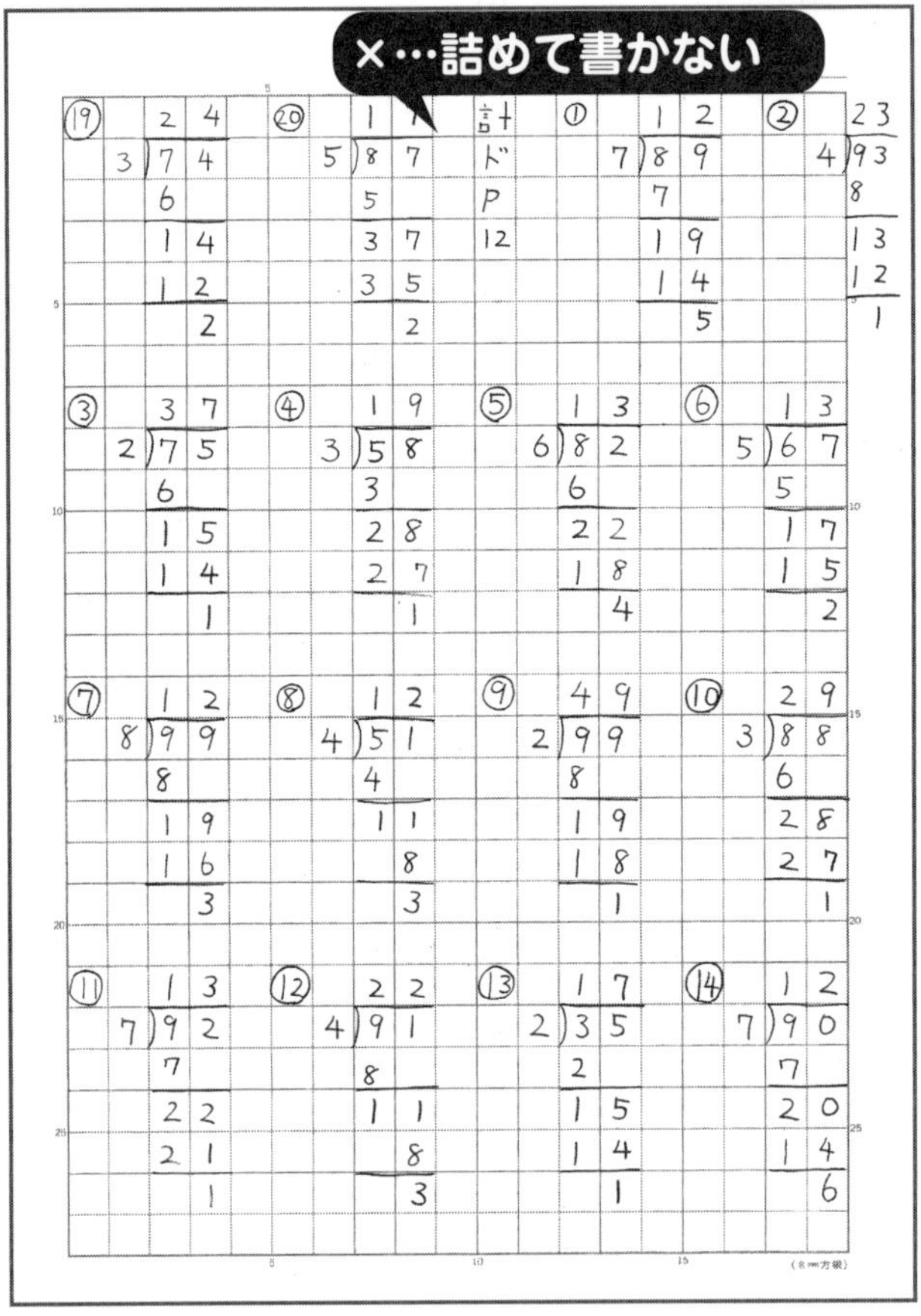

詰めずに、ゆったり書けばいい

4年生算数

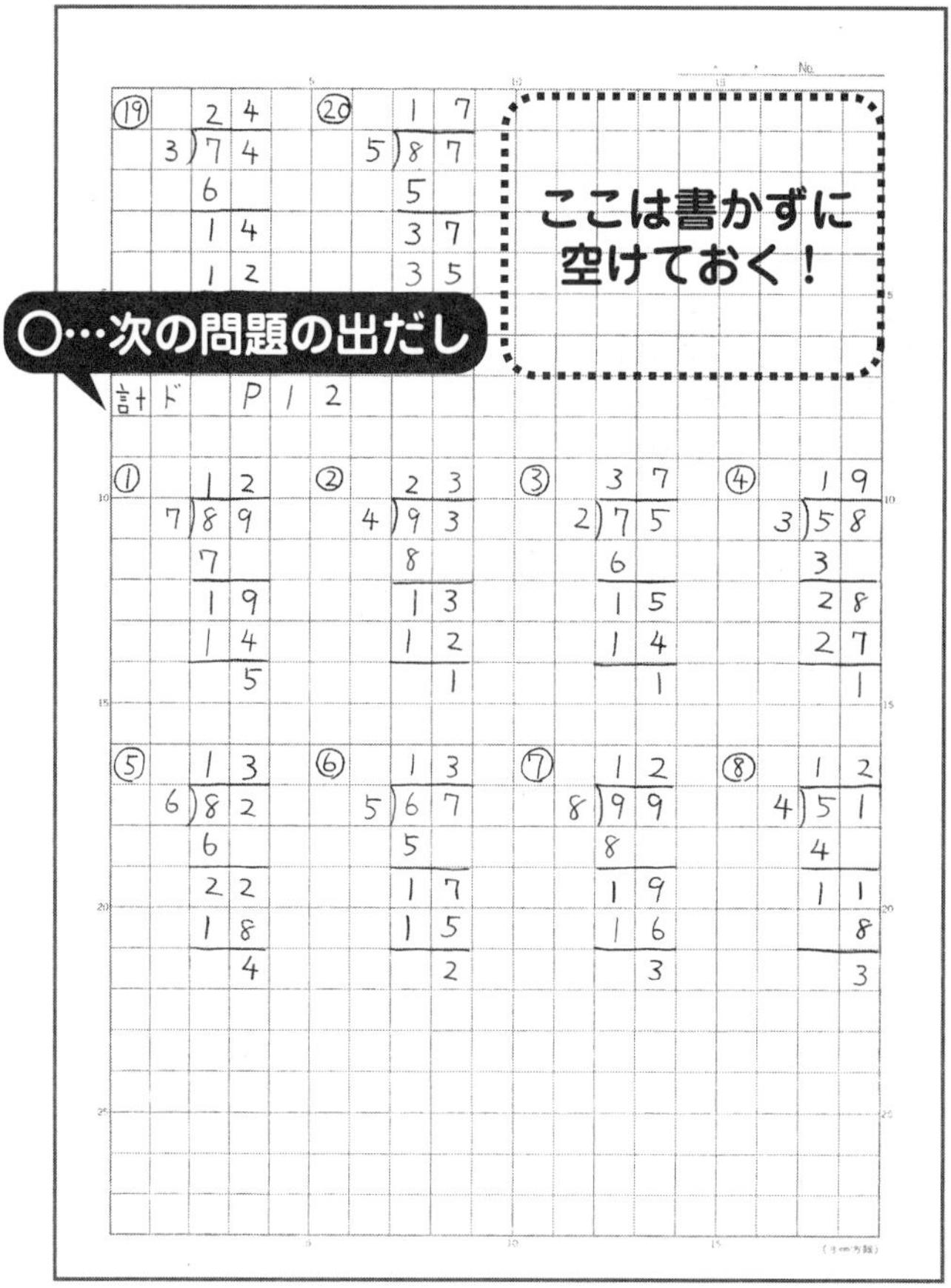

ここは書かずに空けておく！
○…次の問題の出だし
計ド　P12

空き地がたくさんあっていいね！」と褒めてあげてください。「その調子、その調子！」と、いい書き方ができていることを実感させてあげるのです。

逆に、詰めて書く傾向にある子には、「空き地がもっとあってもいいんじゃない？」と促します。

無理に詰めず、余白を空けて書くことで、それぞれがひと塊になって見やすくなります。子どもたちはそれがなかなか理解できません。大人がその必要性を意識して教えることで、はじめて身につくのです。

これで完璧！親子の合言葉⑦

親「町に空き地があると？」
子「住みやすい！」
親「ノートに空き地があると？」
子「見やすい！」

その⑧「箇条書き」でまとめる

中学年になると、論理的思考力が目覚めてきます。

3、4年生になったら教えたいのが、要点を短くまとめる「箇条書き」です。思いついたことを、ノートに順番に書いていくのに比べると、**箇条書きは自分の考えを整理したり、論理的に深めたりするのに役立ちます。**

たとえば、国語で「自分の考えと理由」を書くことがあります。139ページのノートは、まず「ひきょうではない」と最初に結論を書き、そのあとに3つの理由を箇条書きで挙げています。

このような書き方をしていれば、思考そのものが論理的になっていきます。こういう書き方ができるということは、頭の中もこのように論理的になっているという

長い文では、自分の考えがまとまりにくい

5年生国語

月　日　曜日　　9/30

大造じいさんの3つの計略は、ひきょうな方法ではないのか?

自分の考えと理由

私は大造じいさんはかりゅうどだから、仕事のためのエ夫としてわなをしかけるのは当然だから、それに弱った残雪は助けてあげているからひきょうな方法ではないと思います。

（　　）

△…結論が最後で、内容があまり論理的にならない

「箇条書き」で、頭の中もスッキリ！

5年生国語

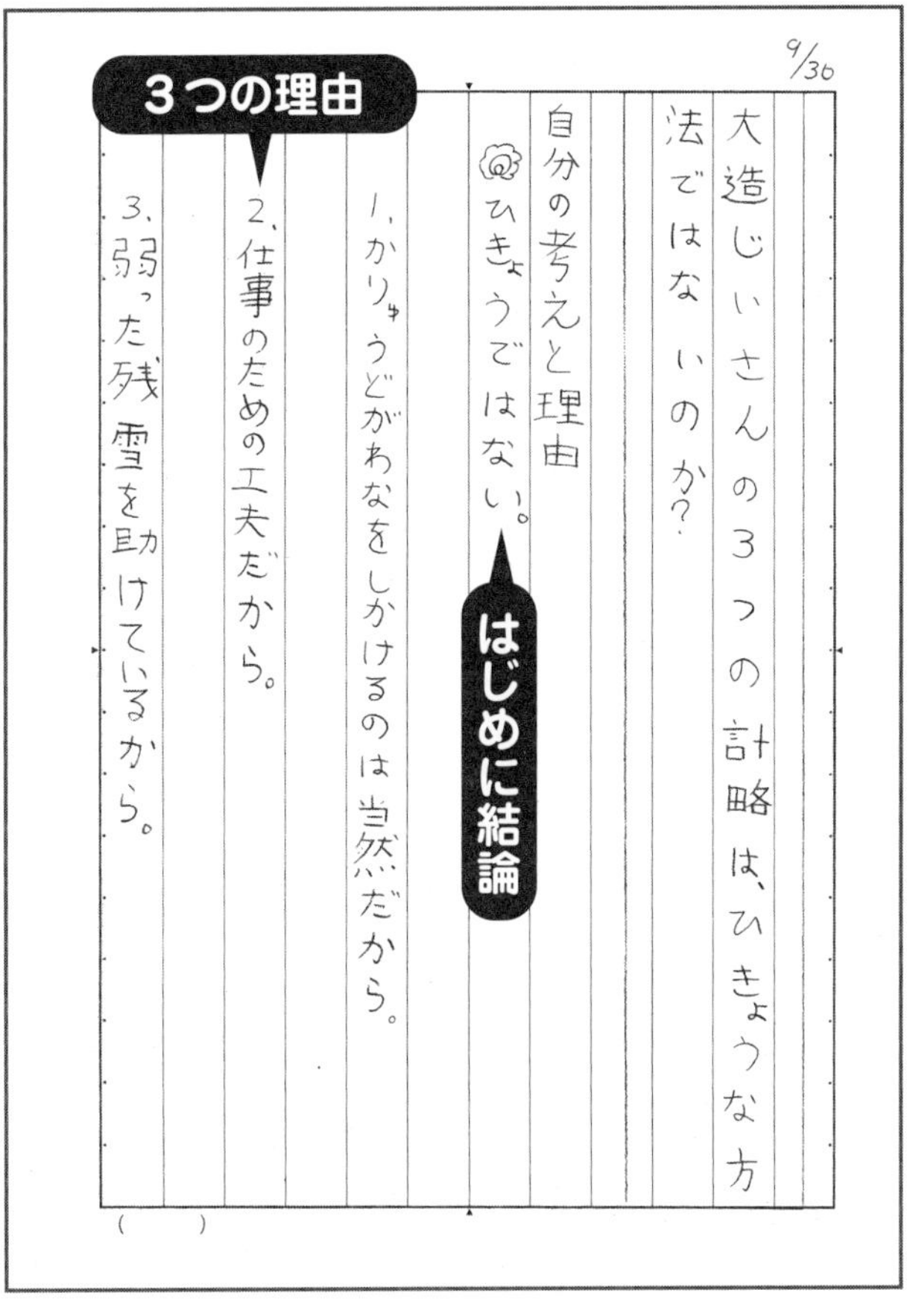
9/30
大造じいさんの3つの計略は、ひきょうな方法ではないのか？
自分の考えと理由
◎ひきょうではない。
はじめに結論
1.かりゅうどがわなをしかけるのは当然だから。
3つの理由
2.仕事のための工夫だから。
3.弱った残雪を助けているから。
(　　)

ことです。
いっぽう１３８ページは、自分の考えを文章にし、最後に結論を書いています。最後まで読まなければ、この子の意見はわかりません。左ページに比べると、ダラダラ書いている印象が否めません。

このようなダラダラ書きは、**書いているうちに思考があちこちに分散し、結局何が言いたいのかわからずに終わることがあります。**

要するに、論理的な思考ができないのです。

１３８ページの書き方が悪いというわけではありませんが、２つを見比べると、あきらかに箇条書きの１３９ページのほうが、あとで見返したときに内容がわかりやすいでしょう。

また、子どものなかには、ノートにたくさん書く子がいます。

板書を丁寧に写すだけでなく、授業中に教師が説明したことをすべて記録しようとします。

そのとき自分が考えたこと、友達の意見まで、何でも書こうとするのです。ノートに書くことが目的になってしまうと、ダラダラ書くだけで、要点がわからないノートになってしまいがちです。

そういう子こそ、「箇条書き」でノートを整理させましょう。

低学年では、箇条書きの意味を理解するのがちょっと難しいと思いますが、3、4年生になれば、まずほとんどが理解できます。見やすいし、復習しやすいとわかれば、子どももどんどん積極的に取り入れるはずです。

箇条書きにする場合、頭に番号や「○」「・」などの印を併せて使うことで、さらに視覚的な効果が上がります。

また、番号や記号があれば、**「文の頭を揃えよう」**という意識が高まります。縦横を揃えたり、間を空けるようになり、ノートが見やすくなります。

そして、項目ごとに短くまとめようという気持ちが生まれるため、内容的にもわかりやすいノートに整理されていきます。

理科の実験手順のまとめ、社会見学の質問出しなど、箇条書きが活躍する場面はたくさんあります。

箇条書きで視覚的にもわかりやすくなることを、実感させてあげてください。

これで完璧!
親子の
合言葉⑧

親「ダラダラ書くより?」
子「かじょう書き!」

その⑨「線」で強調、区切りを作る

アンダーラインやサイドラインを引いたり、線で囲ったりすることで、大事な部分を目立たせることができ、ノートが見やすくなります。

タイトルや見出しはもちろんですが、**重要なところや強調したいところに線を引くと、ノートにメリハリができます。**とくに強調したいところは、二重の線や雲形の線などで囲むこともあります。

よく使われるのは、学習問題を四角く囲むという工夫です。どこが学習問題かよくわかるので、勉強の能率が上がります。

子どもは高学年になればなるほど、自分でいろんな工夫をするようになります。見やすさ、わかりやすさを自分で研究して書くようになると、線や囲みがノートにたくさん現れてきます。

それは、子どもの頭の中が構造的になっている証拠なのです。

左ページの例では、「鎖国は日本のためになったか?」というテーマで、「なった」理由と「ならなかった」理由を書いています。

真ん中に線を引き、エリア分けすることで、ノートがひじょうに見やすくなっています。

このように、線や囲みは、特定の箇所を目立たせるだけでなく、**左右で内容を対比させるなどの構造を作り出すのにも役立ちます。**

ノートの余白、つまり〝空き地〟が紙面の都合でとれないときも、このように線を使えば、「ここから内容が変わっている」ことを記せます。

また、あとから付け足したいことが出てきた場合、線で囲んで書き込めば、ノートの構造を乱さずにすみます。

線を使って、レイアウトをする

6年生社会

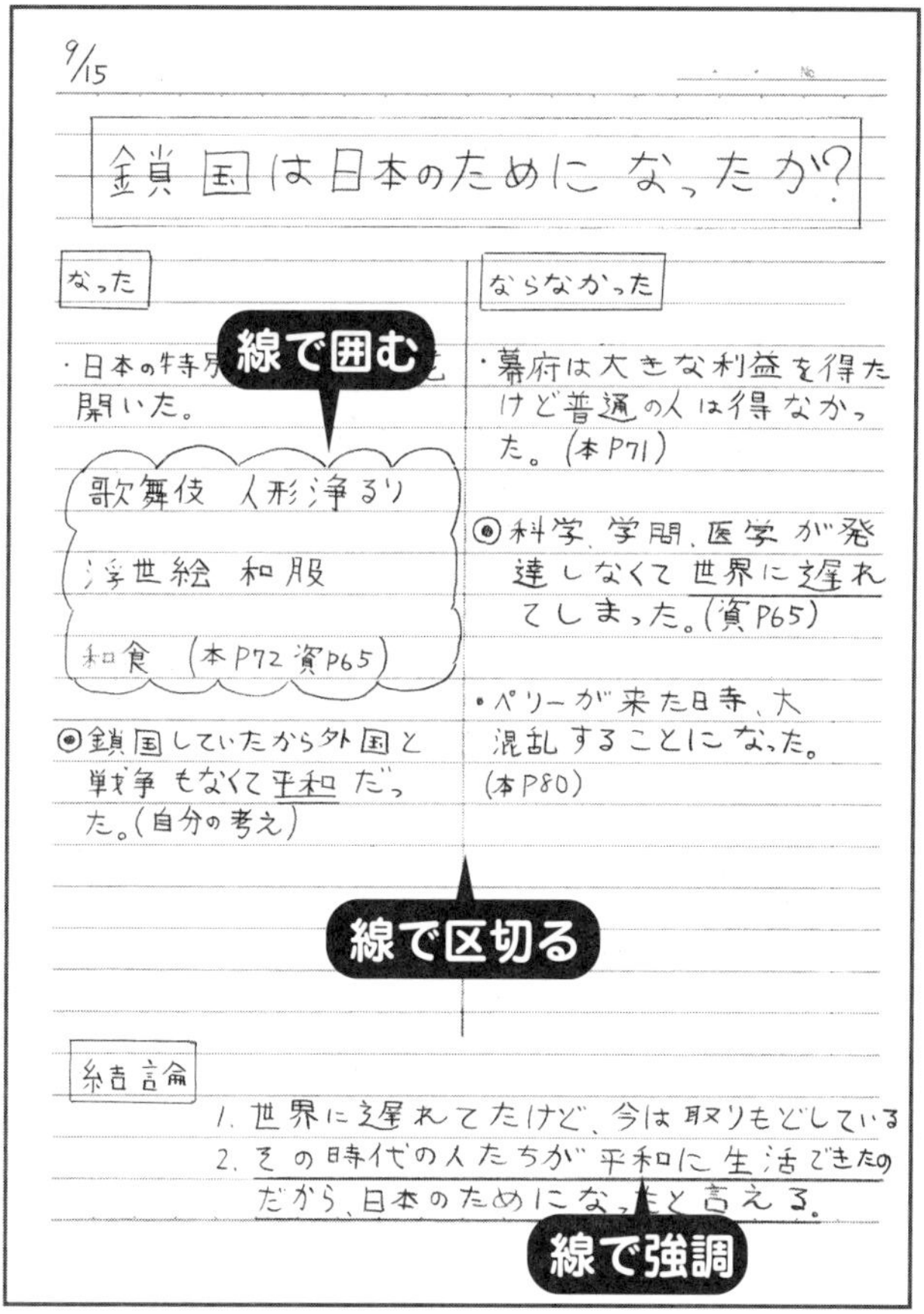

9/15
鎖国は日本のためになったか?
なった
・日本の特
開いた。
線で囲む
歌舞伎 人形浄るり
浮世絵 和服
和食 (本P72 資P65)
◎鎖国していたから外国と戦争もなくて平和だった。(自分の考え)
ならなかった
・幕府は大きな利益を得たけど普通の人は得なかった。(本P71)
◎科学、学問、医学が発達しなくて世界に遅れてしまった。(資P65)
・ペリーが来た時、大混乱することになった。(本P80)
線で区切る
結論
1. 世界に遅れてたけど、今は取りもどしている
2. その時代の人たちが平和に生活できたのだから、日本のためになったと言える。
線で強調

雑誌のコラムのように、「特別あつかい」の印になるのです。

このように、ノートに線を使う工夫で、自分の考えをより明確に表したり、整理することが上手になっていきます。構造的に書く工夫が、子どもの頭の中をより構造的にしていくことに役立つのです。

これで完璧！親子の合言葉⑨

親「ノート上手は？」

子「線上手！」

その⑩ 「記号」や「吹き出し」、「キャラ」を使う

記号、吹き出し、キャラクターを使って、ノートをさらに視覚的にわかりやすくすることができます。

まずは**「記号」**です。

「↓」「→」などの矢印を使うと、各部分のつながり方がひと目でわかります。

「○○○○○した結果、□□□□□ということがわかった」と書くよりも、「○○○○○↓□□□□□」と書くほうが、視覚的にわかりやすいのです。

小学生では、このような書き方は本当に理解できていないと、なかなかできないものです。

記号化するということは、論理的に考えられなくてはならないからです。

大切なところや目立たせたいところに、「※」や「！」を使ったり、よくわからないところや調べてみたいところに「？」マークをつけるのも効果的です。

また、箇条書きや見出しの頭に●や■などをつけることで、目立たせることもできます。記号とは違いますが、字そのものの大きさを変え、単元名や見出し、大事なところで大きく書いて目立たせる工夫もあります。

次に**「吹き出し」**です。

「ここは大事！」「テストに出るかも！」と、吹き出しで勉強のポイントを書きます。「知らなかった！」「びっくり〜！」「おもしろい！」など、自分の感想を書けるので、復習に役立ちます。

雲型の吹き出しや、ギザギザの爆発型など、形もいろいろ工夫してください。

ただし、おもしろく書くことにエネルギーを取られてはいけないので、「1ページに1個まで」を目安に。ここぞというところで用い、使いすぎないよう注意が必要です。

「記号」「キャラ」で、さらに完成度アップ！

6年生社会

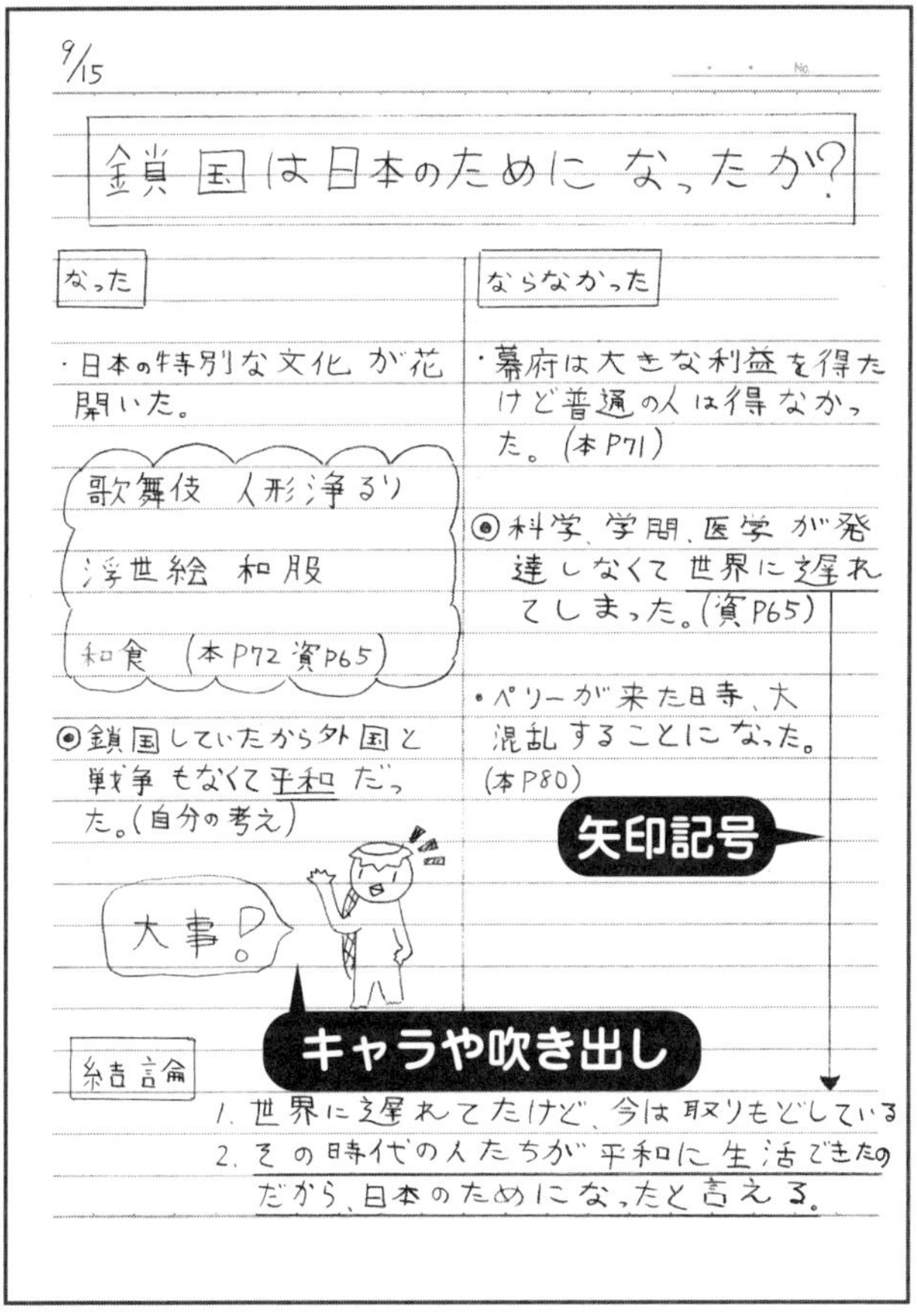
9/15
鎖国は日本のためになったか？
なった
・日本の特別な文化が花開いた。
歌舞伎 人形浄るり
浮世絵 和服
和食 (本P72 資P65)
◎鎖国していたから外国と戦争もなくて平和だった。(自分の考え)
大事！
ならなかった
・幕府は大きな利益を得たけど普通の人は得なかった。(本P71)
◎科学、学問、医学が発達しなくて世界に遅れてしまった。(資P65)
・ペリーが来た日寺、大混乱することになった。(本P80)
矢印記号
キャラや吹き出し
結論
1. 世界に遅れてたけど、今は取りもどしている
2. その時代の人たちが平和に生活できたのだから、日本のためになったと言える。

最後は、**「キャラクター」**の活用です。
大事なポイント、強調したいところ、すごく興味をもった箇所などに、キャラクターを描くことで記憶に残りやすくなります。

自分で作ったキャラでもいいですし、教科書に出てくるキャラの真似でもいいでしょう。ペットや好きなアニメのキャラを参考にする手もあります。こうしたものを活用することで、ノートに書くのが楽しくなるだけでなく、ノートへの愛着がわきます。「勉強したんだ」という充実感も得られます。

ただし、これも吹き出しと同じで、凝りすぎないこと。書くのに手間のかかるキャラだと、授業のさまたげになりますし、勉強の能率が落ちてしまいます。

これで完璧! 親子の合言葉⑩

親「大事なところで?」
子「キャラ登場!」

その⑪「定規」を使うところを限定する

ノートを見やすくするためには、ミニ定規の活用も効果的です。10センチくらいのものを、つねに筆箱に入れておくといいでしょう。

筆算のときには、定規を使うことも大切です。

鉛筆をしっかり定規に当て、ピシッと線を引く習慣をつけることで、ノートをきれいに書こうという意識も育っていきます。

フリーハンドで書くと、どうしても線がゆがみます。気持ち的にもだらけるものです。

とくに、中学年・高学年になると、さまざまなものを書く機会が増えます。

算数では図形、理科では実験や観察の記録、社会ではグラフなど、ノートに記録する内容がだんだん複雑になってくるのです。

書くものが複雑になっても、定規を利用すれば見やすさが保てます。さらに、定規があれば、縦と横の通りを揃えるのにも使えますし、いろいろな表を作るのにも便利です。

ただ、定規には一長一短があります。

定規を使うときれいに仕上がりますが、書くスピードが遅くなります。授業中、細かい部分にこだわって丁寧に線を引いていると、先生が話していることを聞き逃しかねません。丁寧に、美しく書くことばかりにこだわると、理解することがおろそかになってしまうのです。

高学年になったら、ある程度はフリーハンドできれいな直線が引けるようにしていくことも大切です。それでないと、間に合わないこともあるからです。

つまり、定規を使ったほうがいいときと、使わないほうがいいときを区別する必

定規が必要かどうか、使い分けを！

4年生算数

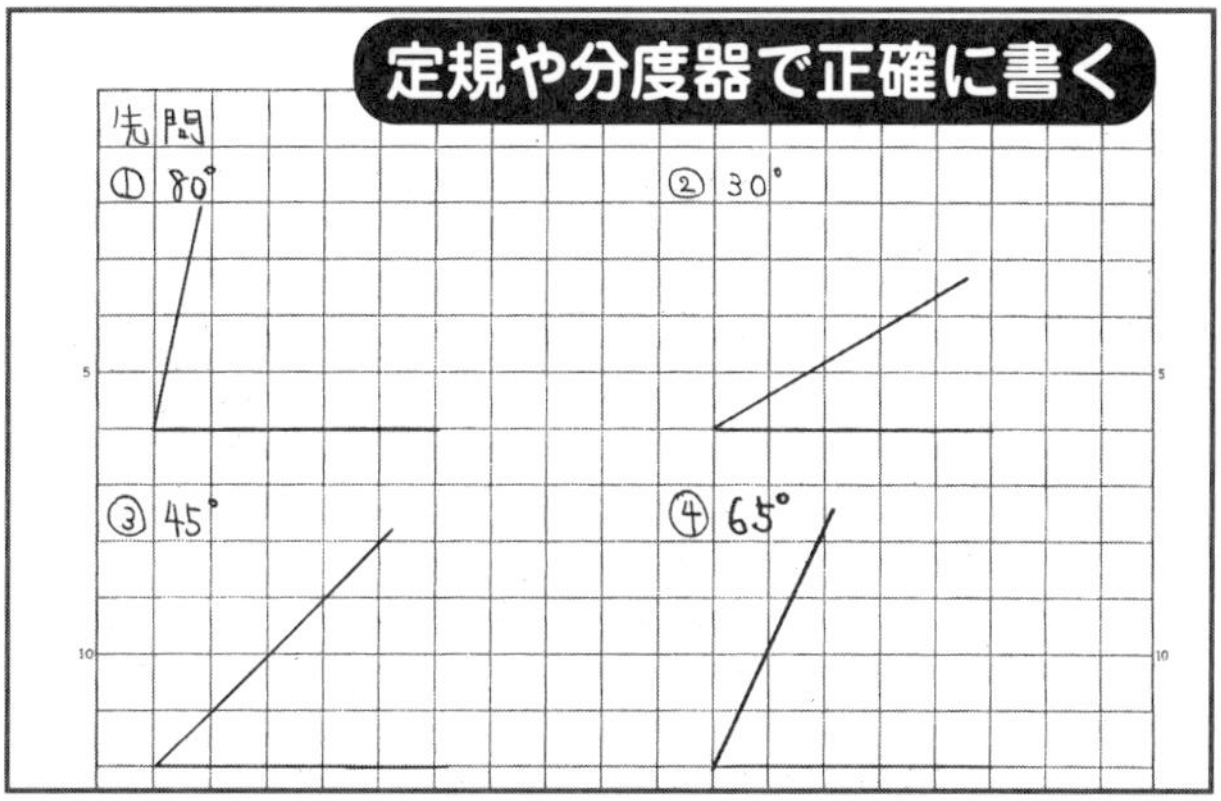
定規や分度器で正確に書く
先問
① 80°
② 30°
③ 45°
④ 65°

6年生算数

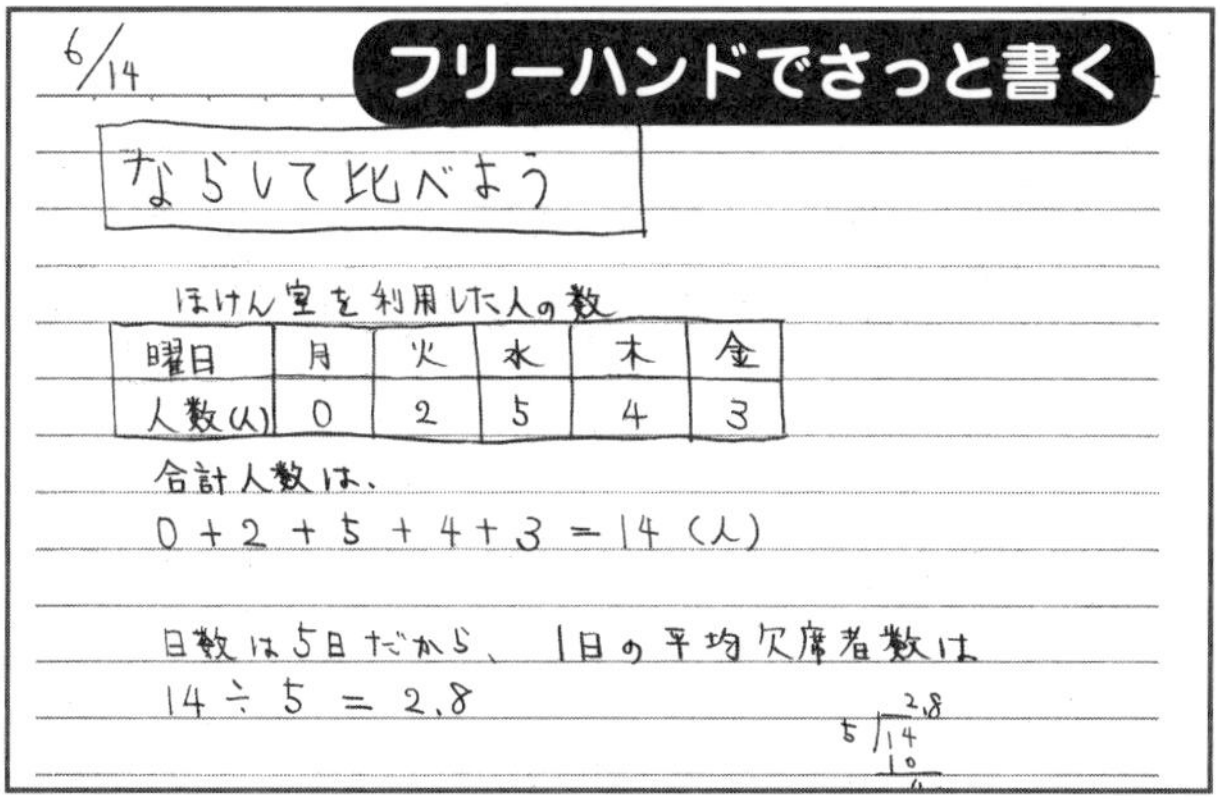
6/14
フリーハンドでさっと書く
ならして比べよう
ほけん室を利用した人の数
曜日 月 火 水 木 金
人数(人) 0 2 5 4 3
合計人数は、
0＋2＋5＋4＋3＝14（人）
日数は5日だから、1日の平均欠席者数は
14÷5＝2.8

要もあるのです。そういった「使い分け」を覚えていくことも、大事な勉強です。

さらに中学、高校と進むにつれ、ノートに書く内容はさらに複雑になり、量も増えます。

時間をかけずにきれいに書ける力を、小学生時代に養っておくことも必要なのです。

**これで完璧！
親子の
合言葉⑪**

親「きれいな線は？」

子「定規を使う！」

その⑫「文字の色」は3色まで

文字の色は、黒が基本です。大事なところを目立たせるため色を変えたいときは、赤か青。最大で3色です。

小学生の場合、それ以上は使いこなせません。

ところが、たくさんの色鉛筆や色つきペンが筆箱に入っていると、つい使いたくなってしまいます。

「ここは大事だ」と思った場所や、自分で吹き出しにしたところなど、あちこちに色をつけて書いてしまいます。

あとから見てみると、ノートはカラフルなだけで、**どこが一番大事なポイントなのかわからない**ということになります。また、たくさんの色を使い分けようとすると、余計なところに意識がいってしまいます。

とくに女の子は、高学年になるといろいろなペンを使いたがります。筆記用具に凝り始めるのです。ピンクや水色など、かわいいペンで色分けして書きたがります。ノートをかわいらしく書くことに夢中で、授業に集中できなくなってしまいます。

あくまでも色は、補足のアイテムです。3色使ってもいいけれど、黒と赤の2色でも十分だと思ってください。

もちろん、色を上手に使うことで構造的になることもあります。でも、できれば色に頼るのではなく、**空間をうまく使ったり、自分で見出しを立てるなど、内容の面でノートを構造的に書くこと**を教えてください。

これで完璧！親子の合言葉⑫

親「信号の色は？」
子「赤、青、黄！」
親「ノートの色は？」
子「黒、赤、青！」

第4章

低学年のうちに「書く力」が身につくコツ

1 慣れるまでは「筆箱の中身」に気を配る

■「ノート術」以前に大切なサポートとは?

前章では、「構造的に書くノート術」についてご紹介しました。これらは子どもの成長にあわせて、6年間でぜひとも身につけておきたいスキルです。でも、とくに子どもがまだ低学年の場合、ノートの書き方以外にもっと重要なことがあります。本章では、この「ノート術以前に大切な〝書く力〟」を養うコツなどを中心に述べていきたいと思います。

低学年でまず大切なのは、鉛筆選びです。持ち方を正しくさせたいなら、**三角鉛筆**がお勧めです。正しい角度で持て、力を入れてしっかり書けるようになります。

とくに太い三角鉛筆は、書いていて疲れにくいという長所もあります。一度試してみる価値はあるでしょう。

鉛筆の芯は、**Bか2B**のどちらかがお勧めです。子どもの筆圧によって選んでください。筆圧が強い子はB、筆圧が弱い子は2Bです。1年生には2Bがいいでしょう。

筆記用具の選び方も、書くことと大いに関係があります。

鉛筆が硬いと、余分な力が要り、疲れやすくなります。HBでは硬すぎて、文字も細く薄くなるので、小学生向きとは言えません。

文字が細く薄いと、ノートに書いたものが読みにくくなり、勉強の間違いにつながります。

それだけでなく、集中力にも影響が出ます。算数の筆算で、くり上がりやくり下がりの数を小さく書いたときなど、見間違えたり見落としたりしてしまうのです。

ノート全体を見渡したとき、字が少々雑でも太く濃く書いてあるほうが、はっきり視覚でとらえられ、見やすいのです。

■「いつでも書ける」ためのメンテナンスを

低学年の子や、筆記具にあまり関心を示さない男の子は、ときどき親が筆箱を開けて中身をチェックしてください。鉛筆をなくしてしまい1本しか入っていなかったとか、芯が折れたままの鉛筆をそのままにしているということがあるかもしれません。

鉛筆をなくしやすい子は、お尻のところを削り、「マサル1」「マサル2」「マサル3」と、名前と番号を書いておきます。名前だけでなく番号もあれば、本人もなくしたことに気づきやすくなります。つねに5本くらい入れておいてください。

鉛筆の先が丸くなって書きにくくなると、集中力にも影響します。そこで、削るためのミニ鉛筆削りを持たせるといいでしょう。

教室に鉛筆削りがある場合もあります。でも、鉛筆を持って出歩くのはけっこう危険なことです。何かの拍子で、目に入ったりしないとも限りません。自分の机のところで削る方が安全なのです。

子どもの筆圧や書く量によっては、芯がすぐ減ってしまうものです。いつでも最適の状態で書けるよう、準備しておくことが大切です。

こうして、最初は親が手助けしてあげ、やがて自分で管理できるようになれば、それでいいのです。

2 小学生は「ノート選び」で背伸びをしない！

■低学年は大きなマス目に大きな字を書かせる

書き取りノートのマス目は、学年が上がるにつれて小さくなります。手が小さい1年生のノートのマス目が大きく、高学年より大きな字を書かなければならないのは不思議な感じもしますが、それには理由があります。

低学年では、指がうまく動かせないので、小さい字が書きづらいのです。

そこで、あえて大きなマス目のノートを使い、大きな字を書かせ、指の筋肉を鍛えることが大事です。専門的には、**「書字能力をつける」**といいます。

大きい字を書くことで、字を書くために使う指の筋肉が鍛えられます。小さい字ばかり書いていると、筋肉をあまり使わなくてすむので鍛えられないのです。

ときどき低学年の子どもが「お兄ちゃんと同じ小さいマス目のノートを使いたい」とか、「大きなマス目は疲れるから、小さいのを買って」と言うことがあります。親も「早いうちから小さいマス目に慣れさせたほうがいいだろう」と考え、買い与えたくなってしまいます。

でも、その必要はないのです。小学生の間は、「書くこと＝大事な勉強」であると同時に、書字能力を鍛える期間でもあるのです。

「大きなマス目に書く」ということひとつとっても、ひじょうに重要な意味があります。

無理をせずに、成長段階に応じて適したノートを使うことが、大事なのです。

3 「鉛筆の持ち方」はどこまで注意するべきか？

■「書きやすさ」や「良い姿勢」には欠かせない

基本的なことですが、ノートをしっかり取るには、鉛筆を正しく持つことも大切です。理由は2つあります。

まず、正しく握っていると、鉛筆を上手に動かせるので書きやすくなります。書きやすいと、きれいに速く書けます。そして、疲れません。低学年で「なんか疲れちゃったからやめよう」ということもなくなります。

二つ目は姿勢が良くなるということです。

正しい持ち方をしていると、鉛筆の先端が見えます。つまり、書いている、まさにその箇所が自分の目でしっかり見えます。

間違った持ち方をしていると、鉛筆の先を下や横から覗く形になります。そのため、背中が曲がり、伏せるような姿勢になってしまうのです。

このことは意外に知られていないのですが、姿勢の悪さを注意しても直らないのは、もともとの原因が鉛筆の持ち方にあることが少なくないのです。

とはいえ「クレヨン持ち」からの矯正は至難の業

ものを書くということは、一生ついてまわります。子どものうちに悪いクセを直し、正しい鉛筆の持ち方を身につけたほうがいいに決まっています。

しかし、これがひじょうに難しいのです。

私も1、2年生を担任したとき、「はい、正しく持ってますか?」と、これ以上ないというぐらいしつこく言ったことがあります。

でも、どれだけしつこくくり返しても、ほとんどの子どもがなかなか直らないのです。

それはおそらく、多くの子どもが、3歳くらいからクレヨンに親しんでいることと関係していると思います。

最初にクレヨンで書き始めるため、その持ち方で固定してしまっているのです。

クレヨンは太いので、多くの子がクレヨンの上に人さし指と中指を載せて親指とはさむようにして持ちます。

何年もこの持ち方でクレヨンを持っているので、鉛筆を持つときもそうなってしまうのです。

これを直すのは、はっきり言って至難の業です。

こんな場合は、どうすればいいと思いますか?

「ある程度正しければ、目をつぶる」という選択もアリ

私は、無理に直そうとせず、あえて目をつぶるのも選択肢のひとつだと思います。

これは、子育てのすべてに言えることですが、**言って直ることと直らないことがあるから**です。

親はどうしても直してほしくて、口うるさくなります。

でも、言っても直らないことはあるのです。

言う親のほうも「またか」とか、「なんで何回言ってもわからないんだろう」「私の言い方がおかしいの？」と精神的に追い詰められます。

もちろん言われる子どものほうも、いつも叱られてばかりで嫌な気持ちになります。

それならば、あきらめたり、目をつぶったりして、**その子のいいところやもっと伸ばす方向に目を向けたほうがいい**のです。

とくに鉛筆の持ち方が少々おかしくても、子ども自身、それほど不自由はないわけです。はっきり言えば、大人になれば、鉛筆やペンで書くよりパソコンを使うことのほうが主です。

ただ、たしかに疲れやすいので、学生時代にちょっと困ることはあるかもしれません。でも、それが受験や就職活動など、人生がかかった重要な場面なら、気合でやれてしまうものです。

小学生時代も同じで、勉強が好きならやれてしまいます。

そう考えれば、早いうちに**書く楽しさを教え、勉強好きにさせたほうが、子どもの将来のため**なのです。

ところで、鉛筆の持ち方について、もうひとつ触れておきたいことがあります。

それは、左利きについてです。

左利きの子をもつお母さんから、よく相談を受けます。「右利きにさせたほうがいいでしょうか」「両利きにさせたいのですが」といった内容です。

結論から言うと、私は左利きの子は左手で書かせるべきだと考えています。

左利きの子を無理に右利きにさせようとすると、その過程でものすごいコンプレックスをもちます。

「ちゃんと右手で書かなきゃダメでしょ」と叱られることが増えるため、自信をなくしてしまうのです。今の大人になっている人でも、そのときのトラウマを抱えている人がたくさんいます。

もちろん、両手利きになる必要もありません。

両手利きになるためにも、動かしにくい右手のトレーニングが必要になりますし、その過程で同じようなことが起こるからです。

4 こんな「指の運動」で書く力はみるみるアップ！

■「あいうえお」は知っていても手が動かない!?

低学年のうちは「書字能力」を身につけることが大切だと、先ほど述べましたが、ここでは、その力をつけるための具体的な方法をご紹介したいと思います。

字を書くのが苦手な子は、**字を書くための指の筋肉がうまく動いていない**ことがあります。そういう子が小学校に入り、急にたくさんの文字を書かされると、書くことが苦痛になったり、勉強に対して積極的になれなかったりします。

指の筋肉といっても、か細いとか、ふにゃふにゃしているとか、はっきり目に見えるものではありません。

ましてや、アスリートの上腕筋のように、どこかが隆々と硬く盛り上がっているということではありません。

でも、ちゃんと鉛筆で字を書くための筋肉というものがあって、それを鍛えることで上手に書けるようになるのです。

そこで、次ページで示したような「グルグル書き」などで、指の筋肉を鍛えることをお勧めします。

これはウォーミングアップにもなります。2、3分やってから本格的にノートに書き始めると、書きやすさがぜんぜん違います。

こうしたちょっとしたトレーニングで、子どもの指の動きが鍛えられ、稼動範囲も大きくなっていきます。

学校の書写の授業では、図で示したように、横線や縦線を書いたり、グルグル書きをします。こうして、書く力を根本から鍛えるカリキュラムが組まれているのです。

「グイグイ書く」ための基礎トレーニング

やってみると大人もわかりますが、横線はスッスッと書けても、縦線は「意外に

指の筋肉を鍛える！　ウォーミングアップ

1年生や入学前

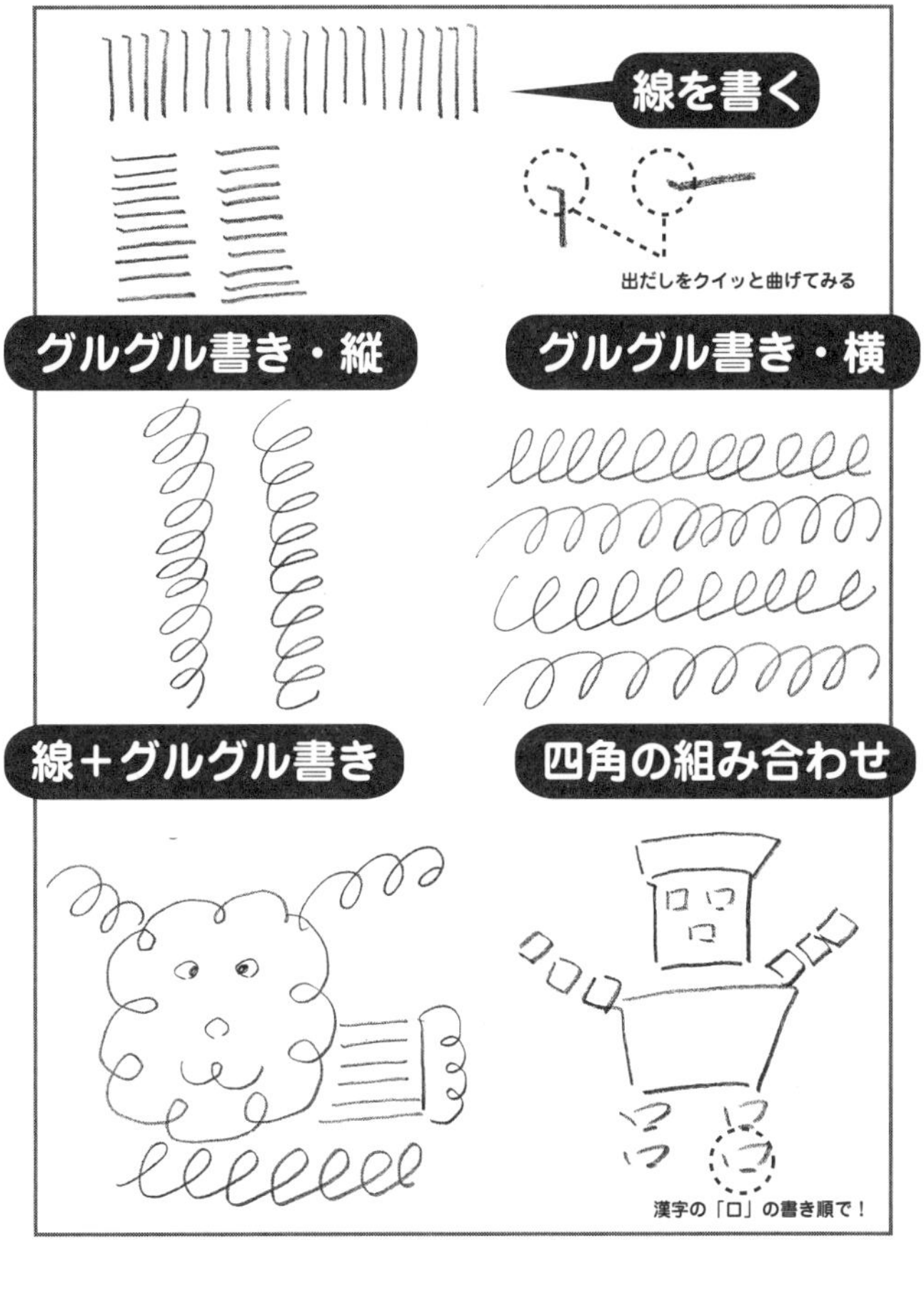
線を書く
出だしをクイッと曲げてみる
グルグル書き・縦
グルグル書き・横
線＋グルグル書き
四角の組み合わせ
漢字の「口」の書き順で！

難しいな」と感じるものです。

子どもの小さな手なら、なおさらです。親子で一緒に「グルグル書きを使って絵を描こう」などと遊んでみることが、子どもの勉強に大いに役立つこともあるのです。ノートと鉛筆があればいいので、家庭でも簡単にできます。

書写は、正しく書くこと、丁寧に書くことが主な目的です。書き順を覚えたり、漢字の「へん」と「つくり」の構造をじっくり学ぶ楽しさもあります。

でもそれだけでなく、力いっぱいグイグイ書けるようになるための基礎トレーニングでもあるのです。

さらに「ゲーム感覚」で書字能力を磨く

グイグイ書けるようになると、子どもは学ぶ楽しさがわかっていきます。しかし、学校の授業に楽しく取り組むためには、さらに速さも必要になってきます。

とはいえ、「もっと速く書きなさい」と言うだけでは効果はありません。そこで、速さを身につけるため、ゲーム感覚で書字能力を鍛えるのです。

たとえば50音の「あ」から「ん」までのひらがなを**「ヨーイドン」**で全部書かせます。

書き取りのノートでも、自習ノートでも何でも結構です。手元にある広告の裏でもいいでしょう。とにかくグイグイ書いて、タイムを測ります。これをときどきやって、新記録を目指すのです。

ひらがなだけでなく、カタカナでもいいわけです。自分の名前を5回書くスピードを測る、家族全員の名前を書くというのでもいいでしょう。

つまり、50メートル走と同じ発想です。**「お父さんと競争だよ」**とか**「家族みんなで競争してみよう」**とか、いろいろ試して、速く書く練習をするのです。

ゲーム感覚を取り入れると、子どもは楽しんで挑戦します。家族の触れ合いを楽しみながら子どもを鍛えることができるので、一石二鳥です。

このような小さな積み重ねが、子どもの書く力をぐんぐん伸ばしていくのです。

5 「視写」と「聴写」でアタマの中はフル回転

■「見て写す」だけで文章力がつく

ノートを書く力は、「視写」によっても鍛えられます。「視写」とは、読んで字のごとく、見て写すという意味です。

小説修業のひとつとして、好きな作家の文章を書き写すというのがあります。見て写すことで、文体やリズムなど、文学的センスを養うのです。

これと同じで、教科書の文章をそのままノートに書き写すと、文章表現力が身につきます。

それだけでなく、「速く正確に写す」ことができるようになります。中学、高校と進むなかで板書を写すことも大事になってきますが、そのためのトレーニングにもなるのです。

また、改行の仕方、句読点の打ち方、カギ括弧の使い方、慣用句の用い方など、**文章を書くうえで必要なものが総合的に身につきます。**

これらはとても実践的なものなので、実際に手で書いて体で覚えるトレーニングが必要なのです。

子どもは、書き写すというのがけっこう好きです。

以前、自主勉のメニューをいくつか作り、子どもたちに選ばせていました。そのときも、視写は人気でした。

自分で創造したり、考えたり、解いたりしなくてもいいから、子どもにとってある意味、楽なわけです。つまり、ハードルが低いのです。

しかし、機械的に写すだけの作業に見えて、実はすごく身につくものがあります。読んだだけではわからないものを、吸収していけるのです。

視写に慣れてきたら、先に挙げたようなゲーム感覚で、「速く写す」ように促してみてください。「速く正確に写す」ところまでもっていけたら、ベストです。

■「聴いて写す」うちに要約力もアップ

低学年のうちから、聴いて写す練習をしておくと、中・高学年以降、授業の聴き取りやメモ取りに効果があります。「聴写」もノート術をアップさせる重要な要素です。

私は、予定帳に明日の準備を書かせるとき、「聴写」をさせていました。「1時間目の社会、明日から農業の勉強に入ります」「書写は毛筆習字です。習字セットを持ってきてください」という具合に、口頭で伝え、書き取らせるのです。

このような「聴写」を家庭でも取り入れることができます。

たとえば、テレビで大好きなアニメを見ていたら、「気に入ったセリフを書いてごらん」と言ってやらせます。

勉強とは無関係のように思えますが、こうしたことで聴く力が鍛えられていきます。

アニメの主題歌の歌詞や、子どもに大人気のお笑い芸人たちのコントでも、何でもいいのです。とにかく好きなことに関わらせて、聴き書きさせます。

そうすると、実際に速く書く力がどんどんついていきます。

中・高学年になったとき、聴き書きはとても大事になってきます。中学や高校になったらさらに必要になってきます。

「これから言うこと、テストに出るぞ〜」と、聴き取らせようとする先生もいます。その場でしっかり書き取っていかないと、授業を受けていても、テスト勉強に役立つノートになりません。

そういう力はいずれ大きくなってから急につくものではなく、小学生時代からトレーニングしておかないとなかなか身につかないのです。

丁寧に書くだけでなく、聴き書きで速く見やすく書ける力が必要です。

聴写のいいところは、**ポイントを要約して書く能力も身につく**ことです。

聴写の能力を鍛えると、箇条書きなども上手になり、ノートを見やすくまとめることができます。手や耳だけでなく、頭もどんどん鍛えられていくのです。

家庭では、こんなふうに関わってみてください。

サッカーが好きな子なら、テレビで試合を見ながら、**「新聞記者になったつもりで試合経過を書いてごらん」**と言ってみます。

「お父さん、仕事で帰りが遅くなるから、書いて教えてあげようよ」と言えば、「後半35分、中村俊介のアシストで大久保がゴール！」などと、楽しみながら書くでしょう。

これは、テレビの映像を見ているわけですから純粋な聴写ではありませんが、同じような能力が鍛えられます。ニュースやドキュメンタリー番組でやるのもいいでしょう。

それをノートに書いて自分の感想も付け加えれば、もう立派な「自主勉」です。

さらに、その数を増やせば、自由研究としても通用します。

6 どうしても「字の汚さ」が気になるときは？

■「最初の1字」を大切に書かせる

本書では、小学生のノートには美しさより大切なことがあるということを、お伝えしてきました。

とはいえ、「いくらなんでも汚すぎる」「テストでも雑に書くので減点されてしまう」など、心配する親御さんも多いことと思います。

そこで、ちょっとしたアドバイスをご紹介しておきます。

漢字をたくさん使わせたいときと同じで、きれいな字を書かせたいときもコツがあります。

「最初の1行だけ、最高の字で書いてごらん」と声をかけてみるのです。

最初の1字、1行を丁寧に書くと、次の行からいきなり雑にするのは、子どもとしてもはばかられます。しばらく集中して、きれいに書く努力をつづけます。

また、ノートの表紙に「国語」「自習ノート」などのタイトルを書くとき、これ以上ないというくらい丁寧に書かせます。

そうすると、中身もそれに応じたものにしようという意識が働きます。

長続きはしないかもしれません。でも、たとえ最後まで丁寧な字で書くのは無理だとしても、最初の何ページかは、がんばるはずです。

■子どもがワクワクしてくる！　最強の言葉

私の経験から言って、子どものやる気を引き出すためには、言葉を工夫することがとても大切です。

言葉を工夫して子どもをやる気にさせようという発想があれば、言い方も変わってくるはずです。

「人生最高の字で書いてみようか」とか、**「妹に教えるつもりで書いてみて」**などと言われたら、子どもはおもしろがりますし、やる気を出します。

「きれいに書きなさい」「ちゃんとした字で書きなさい」というふうに言われるのとは、大違いなのです。

たとえば勉強以外でも、こんなことがあります。

電車や新幹線で、座席の間を抜けるとき、つい「走っちゃダメ」と言ってしまいます。まわりに迷惑をかけてはいけないということをわからせたくて、大人はそう言ってしまいます。

でも、子どもの意識を変えるには、**「忍者歩きだよ」**のほうが、断然、効き目があります。

「忍者歩き」は、学校でも先生がよく使います。朝礼に遅れて来た子どもたちに、そうささやくと、まわりの迷惑にならないよう、静かに歩いていきます。

また、水泳で蹴伸びを教えるときも、「体を真っ直ぐ」と言うより、「鉛筆のように真っ直ぐ」と言ったほうが効果があります。

ちょっとした言い方の工夫で、子どもの意識を変えることができます。

親は上手い言い方を心がけ、子どもががんばったら、そこでまた褒めればいいわけです。

7 習った漢字を使わせたいときの仕掛け

■「赤マル作戦」で習った瞬間から使いたくなる

親がノートを見たとき、とくに気になるのが漢字です。

親は、できるだけ習った漢字を使ってほしいと思っています。だからつい「なんでひらがなで書いているの？　この漢字習ったでしょう？」と、子どものノートを開いて叱ってしまいます。

私のもとにも、「子どもにもっと漢字を使わせたい」「ノートを見るとつい気になってしまう」という親御さんの相談が多いので、ここでお答えしておきたいと思います。

子どもに漢字を使わせるのは、簡単なようで、なかなか難しい問題です。

まず、その子の性格的なことが大きく影響していると思います。

字を書くのが丁寧な子や好きな子は習った漢字を使いたがりますし、几帳面な子も使おうと努力します。でも、そうじゃない子もいます。

2章でもお話しましたが、子どものノートを見るのは褒めるためです。叱る材料を見つけるためではありません。漢字をちゃんと使っているかどうかが気になっても、まずは褒めることです。


国語のノートや、作文、日記の場合、いいところを探します。

「この書き方は工夫していておもしろいね」

「会話がイキイキ書けているね」


褒められ、子どもの心が開いたところで、漢字のことに触れるようにするのです。

私がよくやったのは、**使った漢字に赤マルをつけてやる**ことです。

習ったばかりの漢字を使っていたり、難しい漢字が正しく書けていたら、花マルをつけるのもいいでしょう。

これを小まめにやると、使う漢字が増えます。マルが欲しいから、がんばるのです。

あまり完璧を目指さないことも大事です。

私は、「今日は漢字が60個使ってあるね。中身90点、漢字60点」と言って、名前の横に2種類の点数を書いてやったこともあります。

また、表を作ってそこに記録していくのもいいでしょう。目標数値ができると、「次は漢字80点を目指すぞ」と、自然に漢字を使うようになります。

■「書けない」から「書かない」とは限らない

ノートを開いて「またひらがなばっかり……」とがっかりし、そのたびに叱っていたのでは、子どものやる気はしぼんでしまいます。

注意するより、子どもが自分から漢字を使いたくなるような仕掛けをうまく利用してください。

極端に言えば、漢字はテストのときに書けていれば、問題ないわけです。

ノートには、その漢字が書けなくて書いていないわけではなく、**そのとき書くことに夢中で漢字にするのを忘れているだけ**ということもあります。

子どもの場合、書きたいことがどんどんわいてきて大急ぎで書いたとか、一生懸命考えながら書いていたので漢字まで気が回らなかった、などということもよくあるのです。

文章の中で漢字を使えるようにすることよりも、「文章を書くことは楽しい」と感じるようにすることのほうがはるかに大事です。

あまりうるさく言うと、かえってマイナスになる場合もあるのです。

8 一瞬でノートを褒める「花マル」や「スタンプ」の活用

■家でも褒めれば、子どものうれしさは2倍！

学校でノートを提出したら、先生が「がんばったね！」とコメントを書いてくれることがあります。

それと同じことを家庭でやってみるのもノート術アップの秘策です。

ノートを見たら、花マルをつけたり、コメントを書いてあげるのです。花マルは、ノートにパッと花が咲いたみたいで気分がいいし、見るたびに元気が出ます。先生のコメントもうれしいけれど、親のコメントも励みになります。

そんなノートなら、見るたび「やった！」「がんばるぞ」と、子どもの意欲が変わってきます。学校と家庭で2倍褒めてもらえ、子どもは2倍やる気を出すのです。

花マルは、書き方にもバリエーションがあります。大きな花マル、小さな花マル、花マルの花マルや、ニッコリマークの花マルなど、いろいろあるのです。もちろん、子どもが喜ぶオリジナルの花マルを作ってあげられればベストです。

花マルやコメントを書く場合は、見た目がきれいで、華やかなペンを選ぶのがポイントです。

赤鉛筆や水性ペン、フェルトペンなど、線に温かみが出るものがいいと思います。赤ボールペンは身近で便利なのですが、味気ないのか、子どもは好まないようです。ちょっと冷たい印象を受けるのかもしれません。

よく書けているところにつけてやるだけでなく、**ノートを1冊使い終わったら、表紙に大きく花マルを書いてあげる**のもひとつのアイデアです。この場合は、太い油性マジックがいいでしょう。

また、手作りスタンプも効果的です。がんばった箇所に、ニッコリピースマークやハートマークを押してあげるのです。

ピカチュウなどのキャラクターや、子どもが好きな動物をモチーフにしてもいい

「花マル」は工夫次第でいろいろ楽しめる！

お父さん、お母さん

基本形はコレ
ピョコッと、オマケのマルをプラス
ニコニコ笑顔
会心の笑顔！
花びらを二重
茎や葉もつける

でしょう。お母さんの似顔絵キャラを作って、「すごい！」とコメントをつけてあげるのも喜びそうです。

手作りスタンプは、消しゴムを彫刻刀で彫って作ります。使っていない消しゴムに鉛筆で下書きし、彫刻刀でちょっと掘り抜くだけです。10分もあればできます。親子で一緒に作れば楽しみも倍増です。

3、4種類ぐらい用意しておいて、ポンと押してあげると、ノートを見せるのが子どもにとっても楽しくなります。

このように、**たった数秒で、子どもに達成感をもたせることができる**のです。

ただ、高学年になってくると、「勝手に書かないで」などと、嫌がる子も出てきます。私も「花マルは欄外に小さく書いてほしいです」と言われたことがあります。自分が一生懸命書いたものの上に、大きな花マルを書かれるのが嫌だったようです。

でもそれも、自分のノートを大切に思っている証拠ですから、悪いことではないのです。その子が喜ぶ別の褒め方を探してあげれば、それでいいのです。

9 よく書けたページは「デジカメ」でパチリ！

■「プラスのイメージ」を子どもの心に焼きつける

ノートへの書き込みを嫌がる子には、こんな方法もお勧めです。

見やすく「構造的に書けたページ」や、すごい勢いで「グイグイ書けたページ」を、デジカメに撮ってあげるのです。

いつもは字が雑な子が、1ページ丸々丁寧な字で書き通したとき、実験手順の図が上手に書けたとき、苦手な算数の計算練習が全部丸だったとき。何でもいいのです。「お、がんばったじゃない！」というとき、とにかく大いに褒め、記念撮影するのです。

デジカメで撮った写真をノートの裏表紙に貼ったり、机の前に飾っておきます。

このように、よく書けたノートの写真がつねに目につくようにしておくと、2つの効果があります。
「ああ、自分はできるんだ」「書けるんだ」という自信をもてるようになるとともに、「こう書けばいいんだ」とノートの書き方に対する理解が深まるのです。

このようにして、褒められるネタは最大限有効活用するのです。

■家族みんなで、どんどん褒めよう

子どもは「自分のいい状態」を見ることで、さらにやる気が出ます。目指すべき到達点、努力目標を視野に入れることで、奮起します。

でも、移り気ですぐに忘れてしまうこともたくさんあります。ですから、言葉で褒めるだけでなく、目に見える形で子どもを褒めつづけてあげるのです。

よく書けたノートを持って、うれしそうに笑っている子どもの顔を撮ってやってもいいでしょう。

写真でなく、ノートのコピーでもいいでしょう。縮小コピーすれば、いくつかノートに貼ってあげることもできます。

すごくがんばった1ページがあるということが、子どもにとってとても大事なのです。それを書きっぱなしにするのはもったいないのです。

さらに、**おじいちゃん、おばあちゃん、お兄ちゃん、お姉ちゃん、いくつもの目で見て褒めてあげると、「しっかり書こう」という気持ちがどんどん強くなります。**

撮った写真をリビングの一番目立つ場所に飾ったり、額に入れてもいいでしょう。大げさなくらいに賞賛してあげるのです。

残業が多いお父さんでも、この写真があれば、子どものがんばりが一瞬でわかります。顔を合わせた瞬間、「あのノート、すごいね」と褒めてやることができます。

こうした家庭での日々のちょっとした工夫が、子どもを末永く伸ばしていくために大切なのです。

ノート術をアップさせることは、そのままダイレクトに子どもの学力アップにつながります。

子ども任せや学校頼みでなく、日々の生活の中で、**「親だからこそできること」**をやってあげてください。

親が子どものノートを見るときは、子どもを褒める絶好のチャンスです。それは、子どもを伸ばすチャンスでもあるのです。

ぜひ、できることから、少しずつチャレンジしていただきたいと思います。

第5章

「発展的ノート術」で子どもはどこまでも伸びる!

1 「自主勉」のネタは生活の中に満ちあふれている

■〝楽勉〟で子どもの知的好奇心をくすぐればいい

「子どもを伸ばすために何をしたらいいのでしょう」

「どんな勉強方法なら子どもが伸びますか」

そんな質問をよく受けます。


親御さんは、みな心底、わが子のことを考えています。少しでもわが子のためになることを知りたい、そして、実践したい、導きたいと思っています。


その気持ちは痛いほどわかります。

どんな子にも、たくさんの知識を吸収して伸びてもらいたいと願うのは、毎日、学校で子どもたちと過ごす教師も同じだからです。

だからこそ、学力に関する質問や悩みを受けたとき、「子どもに楽しみながら勉強させてあげてください」とお答えします。

私はそれを **〝楽勉〟** と呼んでいます。

楽勉とノートは、とても密接な関係があります。

まず楽勉とは何なのか、ここで簡単に触れておきましょう。


楽勉とは、**「生活や遊びの中で楽しみながら知的に鍛えること」** です。

別の言い方をすれば、

「子どもが楽しみながらできる勉強」

または、

「子どもが楽をしながらできる勉強」

と言ってもいいでしょう。


具体的には、次のようなことです。

たとえば、トイレに日本地図を貼ります。書店にはいろんな日本地図が売られています。なかには、各都道府県の名産品がイラストで描かれているものがあります。そういう地図をトイレに貼ると、何気なくそれを目にしているうちに、子どもはいろんなことを覚えます。


北海道の場所に、じゃがいもの絵が描いてあります。静岡には茶畑の絵です。するとお母さんが買ってきたじゃがいもの袋にある「北海道」の文字が目にとまります。それまでは素通りしていたものに、意識が向くようになるのです。

「北海道はじゃがいもの産地なんだよね。この袋にも北海道って書いてあるよ」

「へえ、よく知ってるわね」

「トイレの地図に絵が描いてあったよ」

トイレの地図によって、このように知識の杭ができていきます。親がわざわざ勉強の話をもち出さなくても、日常会話で自然に地理や社会の勉強ができるのです。

これが楽勉です。

このような〝楽勉〟の方法はいくらでもあります。

漢字カルタ、ことわざカルタ、学習漫画、図形パズルも楽勉です。

ペットボトルを使ってお風呂で「リットル」「デシリットル」を体感するのも、理科の実験キットで遊ぶのも、顕微鏡に親しむのも、博物館に行くのも、カブトムシを飼うのも、すべて楽勉です。

ノートを使って〝楽勉〟から〝紙勉〟にスライドさせる

生活や遊びの中で学ぶ楽しさを知った子は、いろいろなことに興味をもち始めます。

そこで、ノートの出番です。子どもが興味をもっていることや熱中していることを、紙に書かせるようにもっていくのです。


たとえば、金魚に熱中している子でしたら、**「金魚ってどんなのがいるの？　絵を描いて教えてよ」**と言ってノートを渡します。子どもが描いてくれたら、そこで大いに褒めます。

次に、「飼うときはどんなことに気をつけるの？」と言って、教えてもらいます。子どもが話してくれたら、「じゃあ、お父さんにも教えてあげたいから、次のページに書いてよ」と言います。書いてくれたら、また大いに褒めます。

このように、**褒めながら進めていくこと**が大切です。うまくやれば、金魚の種類のこと、エサのこと、水温のこと、自分が見つけたこと、などなど、いろいろなことをノートに書かせることができます。

そして、ここが大切なのですが、ノートに書いていると、よくわからないことやもっと知りたいことが必ず出てきます。すると子どもは、「もっと知りたい」「しっかり調べて書きたい」という気持ちになります。

そのとき、図鑑や学習漫画など、調べるための本を用意してあると、子どもはドンドン調べて書き進むことができるわけです。

このようにすれば、〝楽勉〟を〝紙勉〟にスライドさせることができます。

これは、もう自由研究と言っていいくらいのものです。これによって、子どもは本当の勉強の楽しさを味わうことができます。

■学校の「自主勉ノート」を最大限活用しよう

このような〝紙勉〟が一番手軽に実践できるのが、「自由ノート」です。親は、子どもが自由に書けるノートを用意しておくといいでしょう。

このごろは、担任の先生が子どもに「自主勉ノート」を持たせて、好きな勉強を推奨している例も増えています。そういう場合は、これを積極的に活用するといいでしょう。

ところが、せっかくの自主勉ノートも、楽しく書くどころか苦痛の種になっている子も多いようです。子どもが「何書けばいいの〜」「書くことなんてない」とつぶやいたら、ちょっと手助けしてあげてください。

計算問題や漢字練習も大事ですが、それだけが勉強ではありません。ぜひ、先ほど紹介したようなやり方で、**自分が熱中していることをノートで表現する紙勉に導いてあげてください。**

紙に向って書き、楽しみ、調べ、深め、発見していくのが〝紙勉〟です。子どもが勉強の楽しさを味わうのは、まさに紙勉の時間なのです。そういうところから本当の「勉強好き」になっていきます。

小さい頃から自分で楽しめるものを見つけて熱中し、そして紙勉の楽しさも経験した人は、社会人になって仕事をするようになってもその経験が生きてきます。

たとえ意にそぐわない仕事についたとしても、その中で楽しめるものを見つけて熱中し、自分で深めていくことができるのです。

そういう人は、その喜びを知っていて、方法も身についているから、自然にそうなるのです。

そして、そういう人は、他人が思いもよらない新しい企画やビジネスを発想することも得意です。

なぜなら、**その人の知識体系にはオリジナリティがあるから**です。

テスト用の勉強ばかりしてきた人、つまり与えられた問題ばかり解いてきた人の知識体系はありふれたものです。ですから、仕事でも、新しい企画やビジネスを発想することは難しいのです。

このようなわけで、私は、子どもが熱中していることをさらに深められるようにバックアップしてあげてほしいと思います。そして、それを大いに褒めてあげてほしいと思います。

それは、親の目から見るとそれほど価値のあるものではないかもしれません。でも、それでもいいのです。その子のやる気のあるところを伸ばしてやることが大事なのです。

そして、それをうまく導いて紙勉につなげていってください。そうすると、さらに深めることができますし、研究や勉強の楽しさを身をもって知ることにもなるのです。

2 「テスト勉」でも大活躍！ノートが主役の勉強法

■「教科書丸写しノート」で学習効率アップ

自主勉ノートや自由ノート以外にも、家庭でノートを活用する方法はいくらでもあります。

たとえば、教科書丸写しノートもすばらしい効果があります。視写のところでもお話しましたが、教科書をノートに写すだけでも勉強になります。

イチオシは社会です。社会は暗記科目と言われています。実際、そういう部分もあり、**テストでは教科書の文章を使った穴埋め問題がよく出されます。**

教科書の文章のキーワードが「（　　　）」になっていて、そこを埋めるのです。

たとえば、農業の「循環型農業」について説明している、「資源をむだにしないで上手に活かして使う循環型農業」という部分を、一度でも丸ごと写すことで、「循環型農業」というキーワードが頭に入ります。

短時間で効率よく勉強するなら、この方法がお勧めなのです。

勉強のやり方がわからないとか、あまり勉強しない子には、この教科書丸写しノートの前の段階に、音読をするとさらに効果がアップします。国語に限らず、算数、社会、理科も音読します。日常的にやっていると、テストで良い結果が出ます。

そのうえでノート丸写しです。

算数や理科も、どんどん写してください。

算数では、ポイント解説しているところなどが、よくテストに出ます。たとえば、キャラクターが登場して、「円周率とは……」「速さとは……」などと説明している部分です。

このような大事な部分に重点をおいて写しておくと、テストで穴埋め問題をクリアできます。

実は、子どもはノートに写す勉強が好きです。何をやればいいのかはっきりしているからです。それに、がんばって写し終えたとき、「勉強したぞ！」という充実感があるのです。

問題を解いたり、考えたりするより楽です。子どもにはハードルが低く感じられるのでしょう。写す宿題に大喜びする子どもは、たくさんいます。

それに、バツがつきません。**きちんと写しさえすれば、花マルをもらえるのは、子どもにとって大きな安心感につながります。**

子どもにとって、とても幸せな勉強方法なのです。

でも、学校では、写すための時間をたっぷりとってあげることができません。だからこそ、この幸せな勉強法は、家庭にぴったりなのです。

ぜひ、丸写しノートを用意してあげてください。そして、子どもに丸写し勉強法を教えてあげてください。最初から欲張らず、少しの量から始めることが大切です。

そして、子どもが書き写したら大いに褒めてあげてください。ここでも、褒めることが最大のポイントです。

あまり細かいことを言って嫌いにさせるのでなく、褒めまくって写す楽しさを味わわせた方がはるかに効果的です。褒めまくれば、子どもは自分から進んでやり始めます。

この丸写し勉強法は、「家庭でどんな勉強をさせればいいか迷う」という親御さんには、イチオシです。

■練習用の「裏ノート」で高速インプット

私は教師時代、漢字の練習をするときだけ、ノートを使うのをやめてみたことがあります。ノートの代わりに真っ白な紙を渡し、好きに書かせたのです。

マス目がないので、字の大きさがまちまちになります。夢中で書いていると、字の列がどんどんゆがみ、へビみたいに曲がった子もいました。

でも、子どもたちは集中して、たくさん書き、テストの結果も良くなりました。

よくよく考えれば、漢字の書き取りは、何度も書いて覚えるためのものです。書いて覚えるのが目的ですから、本当はノートでなくてもいいはずなのです。

ところが、子どもたちはたいてい、マス目にきっちりと収めるように書くことを求められます。そして、丁寧に書いて練習するのが望ましいとされています。「留め」「撥ね」「払い」などが、テストで重要になってくるからです。丁寧に書いたうえに、できれば、大きく、力強く書いてほしいと教師は思っています。

このようにいくつものことを漢字の書き取りに求めているわけです。これは、日本の教育の背景に、書道文化の伝統があるからでしょう。

でも、本当に、漢字を覚えるためにこのようなことが必要だと思いますか？

答えは、「ノー」です。

本当に漢字を覚えるためには、**細かいことに気を遣わず、雑でもいいからとにかくたくさん書いて書いて書きまくったほうがいい**のです。

みなさんも、英単語のスペルを覚えるときノートにたくさん書きまくったはずです。そのとき、それほど丁寧に書かなかったのではないでしょうか？　それは、アルファベットが書道文化に無関係の文字だからできたのです。

というわけで、細かいことを気にせず思い切り練習できるノートを用意してやるといいと思います。

授業のノートや提出用のノートとは別に、練習用ノートと割り切るノートがあってもいいのです。そして、それはノートでなくもいいのです。私がやったように白い紙でもいいのです。

むしろそのほうがマス目や線を気にせず、グイグイ書けます。そのほうが勉強の能率が上がる場合もあるということです。

漢字の書き取りだけでなく、計算練習も同じです。ひたすら字を覚えるとか、ひたすら計算力をつけるとか、そのためだけに特化したノート（紙）を親が用意してあげればいいのです。

大学受験生は、英単語をレポート用紙に書いて覚えます。とにかく書きまくって、英単語や英熟語を覚えた経験をお持ちの方も多いと思います。それと同じことです。

子どもには、「先生には見せないノート（紙）だよ」と言って渡します。

先生にノートを見せるのは、子どもなりにプレッシャーがあります。どうしても、よそいきの書き方になってしまうのです。「ちゃんときれいに書かないと怒られちゃう」「花マルもらえないぞ」という意識が働いてしまいます。でも、先生には提出しない「裏ノート」があることで、練習量が増え、学力もアップします。

「裏ノート」で練習したことは、自分の秘密練習、秘密特訓みたいなものです。たくさん書いた記録は、自信になります。そして、提出用に書くときは、きちんと書くのです。本音と建前を使い分けるようなものです。

そうした切り替えは、生きていくうえで重要なことです。いわゆる〝お約束〟みたいなものを理解していけないと、生きにくい子になってしまいます。いつも一生懸命なのはいいことですが、要領も必要です。ノートで、子どもにそういう大事なことも伝えることができます。

3 「自由研究」に発展すれば夏休みの宿題もラクラク！

■「自由ノート」で好きを究《きわ》める

ノートというと、学校で使うノートだけを思い浮かべる方が多いでしょう。

でも、子どもの可能性を広げるためには、そうしたノートとは別のノートを持たせてあげるといいと思います。

それは、何を書いてもいい自由なノートです。

その子に応じた種類や大きさのノートです。

とくに自主勉の取り組みのないクラスの子には、ぜひこういうノートを1冊与えてあげるといいでしょう。

ある子は、野球選手の名前を全部書きます。ある子は、悩みを書きます。ある子は、空想の物語を書きます。

たったひとつ自由なノートを渡しただけで、親も知らなかった子どもの可能性が言語という形になって現れます。

そして子ども自身も、未知の世界に出会うことができるのです。

こういうノートに書く子どもの字は、授業ノートとまったく違うことがあります。自分のやりたい勉強をやっているので、気分が乗るのでしょう。

グイグイと書いて、集中しているのがわかります。

その字は、力強く、自信に満ちあふれています。

ここで言うノートは、自主勉ノートよりもさらに自由で、子どもにとって楽しみのひとつになるようなノートです。

一見、勉強と無関係に見えますが、こうしたノートの時間をしっかりもつことが、やがて学力アップにつながります。

資料を貼ってコメントを書けば自由研究のできあがり

自由なノートは、いろんな使い方ができます。

以前、朝刊と夕刊の天気図と天気予報を、毎日切り取ってノートに貼ってくる子がいました。

最初は漠然と天気図に興味をもっていただけかもしれません。でも、毎日天気図を見ているうちに好きになり、そのうち、自分で感想やコメントを書くようになりました。

そして、5年生の授業で天気について学んでからは、研究といってもいいくらい本格的になりました。彼はもう立派なお天気博士でした。

このように、好きなことや興味のあることを究めるのに、自由ノートはもってこいです。

観察したことを書いたり、図鑑や事典で調べたことを書き写したり資料を貼ってコメントを書いたりすれば、どんどん研究が進みます。**10ページもやれば、これで夏休みの自由研究もできあがります。**

テレビ番組で観たシルクロードに感激し、図鑑で調べたことをノートに記録していた子もいました。飼っているネコの生態を記録し、ネコに関する新聞記事を貼り付けていた子もいました。

私の教え子であるYさんは、何年も前から回文や駄洒落に興味を持って、ずっとそれをノートに書きためています。先日、そのノートを見せてもらいましたが、傑作と言えるほどおもしろいものがいっぱいありました。

私も刺激されて、ときどき回文や駄洒落を作り、Yさんと披露し合うのが楽しみになっています。

Yさんは、回文や駄洒落を作るためにこのごろは国語辞典をよく使っているそうです。これによって、言葉やユーモアへの興味関心がさらに育っていくと思います。

このように、好きなことをノートで究めることができるのです。

日常の中で見つけてもいいし、夏休みの旅行や帰省での体験から見つけたことでもいいのです。自由ノートは、その子だけが作れる研究ノートです。

親が手助けしてあげることもできます。

小学生新聞をとっているなら、1日1個、気に入った記事を貼って、感想を書くようにします。高学年なら大人用の新聞でも可能でしょう。

たとえば環境問題は、学校でもよく取り上げます。理科、社会、国語、総合学習など、さまざまな角度から学ぶため、子どもたちもとても関心をもっています。エコという言葉に敏感だったり、ゴミ問題について関心をもっていたりします。

新聞でも記事になりやすいテーマで、しかも生活に密着しているので、実践しやすいのです。

「今日、どんなニュースがあった?」「○○について載ってたよ」などと話しながら、子どもの「好き」を一緒に見つけてやればいいのです。

学校の勉強だけではわからない、子どもの得意が見つけられます。

4 「ノートが苦手な子」でも親の励ましでグングン伸びる

■子どもにも〝向き不向き〟はある

ノートの大切さ、ノートの効用については、十分におわかりいただけたと思います。

最後に私からのメッセージを書きます。

整理整頓に上手下手があるように、ノートを構造的に書くのにも上手下手があります。そして、この2つにはかなりの相関関係があります。

整理整頓が苦手で、どれだけやり方を教えても、どれだけしつこく言ってもなかなかできるようにならない子はいるものです。それと同じように、ノートを構造的に書くことがなかなかできるようにならない子もいます。

これは、子どもの性格にもよりますし、空間把握の能力にもよります。

ノートを見やすく書くことは大事なのですが、あまり「今のうちに親が直してやらなければ」と意気込まないことです。親としては心配になるのももっともだと思います。でも、ムキになりすぎないことです。

たとえば字も同じです。ものすごく雑で、汚い字を書く子がいます。親も教師も、まったく判読できないほどの字です。

私の経験から言って、これを直すのもかなり難しいことです。字が雑なのと、整理整頓が苦手なのを直すのは、かなり難しいことなのです。

私は、これらを直せたことがありません。そして、親も教師も含めて、本当に直せた人を未だに一人も知りません。

それくらい難しいことなのです。

■「厳しいだけの指導」は子どもを苦しめるだけ

以前、こんな先生がいました。

いつもきれいな字を書くようガミガミ注意し、少しでも雑な字を書いたら叱りつけたうえで、全部書き直しをさせるのです。

そのときのクラスの子どもたちはみんな、字をものすごく丁寧に書くようになりました。字だけではなく、机の中の整理整頓や、トイレのスリッパを揃えることまで、徹底的に指導されました。

子どもたちはみんな完璧でした。でも、どんどん元気がなくなっていきました。そして、みんなその先生を嫌いになっていったのです。

次の年、担任が替わると、みんな大喜びしました。そして、字もトイレのスリッパも、あっという間に元に戻ってしまいました。

もしもこの先生と同じことを親がやったらどうでしょう。

担任はどんどん替わりますが、親は替わりません。そういう親の子は、子どもである間中ずっとガミガミ言われ続けることになります。

子どもは自信がなくなり元気もなくなります。たとえ書く字や整理整頓が多少ましになったとしても、他の面でのマイナスがあまりにも大きすぎます。

ですから、ノートについても、見本に近づける努力をさせたり、勉強以外の好きなことに熱中させて書くことを好きにさせたりしながら、少しずつノート術を教えていくことです。

一足飛びに何かできるようになると期待せず、何か一生懸命書いていたら褒めます。少しでもいいところを探して褒めます。

そうやって**少しずつ、子どものいい面を親が見つけだし、照らしてあげる**のです。

そのうち、いいところがキラキラと光りだします。

それはまだ先かもしれませんし、思ったより早く来るかもしれません。

いずれにしても、〝人事を尽くして天命を待つ〟という気持ちでいてほしいと思います。

■「理想の押しつけ」や「きょうだいとの比較」は絶対にNG

そういう気持ちでいれば、理想を押しつけたりしなくなります。

とくに母親は男の子のノートを見て、愕然とすることが多いようです。ノートをきれいに書くというのは、どうしても女の子のほうが得意です。几帳面にこなします。自分がそうやってきたものだから、男の子のノートが雑に見えてしまい、つい叱ってしまうことが多くなります。

また、きょうだいの比較も百害あって一利なしです。

でも、これもついやってしまいがちです。

私が見る限り、上が男の子で下が女の子という組み合わせだと、かなりの確率で上のお兄ちゃんの方が日常的に叱られることが多くなるようです。

というのも、もともと小さいときは女の子の方がしっかりしていて自己管理能力が高いのです。そして、下の子は上の子が叱られるところを見ていて学べるということもあります。

ですから、上のお兄ちゃんは下の妹に比べられて叱られることが多いのです。

ノートの書き方においても、これはまったくよく当てはまります。お兄ちゃんは、「なぜ、妹のノートみたいにきれいに書けないの？」などと叱られることが多いはずです。

でも、このように他の子と比べたり、あるべき理想の姿を押しつけたりするのは、本当に子どもにとっては百害あって一利なしなのです。

どの子のノートにもいいところは必ずある

ノートは子どもの脳の現れです。子どもの数だけノートがあるのです。

ですから、理想のイメージを押しつけたり他の子と比較したりするのではなく、その子なりのよさやその子なりの成長を見つけ出してあげてください。

そして、たくさん褒めてあげてください。

ノートを見るのは、褒めるためです。そう自分に言い聞かせてください。「褒めよう」という意識さえあれば、褒める材料はいくらでも見つけることができます。それがノートを見ることのよさなのです。

この本では、ノート指導で目指すべきところについて書きました。たとえば、「構造的に書く」「グイグイ書く」などです。

でも、それは目指すべきところであって、すぐに親であるみなさんが子どもにそうさせなければならないということではありません。

そんなことをしたら、叱ることが増えるだけです。そして、子どもはノートに書くことが嫌いになるだけです。

そうではなく、親であるみなさんがすぐにでもやるべきことは、子どものノートを見て褒めることです。少しでも褒められるところを見つけて、褒めることです。

「とても褒められない」と言う人もいるかもしれません。

でも、それでも褒めてください。

その「とても褒められない」ノートの中で、なんとか褒めることを探し出してください。

全体がひどくても、中にはいい部分もあるはずです。相対的にいい部分を褒める、ということでいいのです。

ぜひ、その子なりのよさやその子なりの成長を見つけ出してあげてください。

「褒められないのは、ただ見る目がないだけだ」と考えてください。

子どもを伸ばすには、減点主義より加点主義の方がうまくいきます。

マイナスを見つけて叱るのではなく、プラスを見つけて褒めることです。

褒め続けることでのみ、子どもを伸ばすことができるのです。

そして、それによって少しずつ目指すところにもっていけばいいのです。この本に書いたことは、そのためのひとつの方向を示したものとして、役立てていただければ幸いです。

ノートを見るのは、褒めるためです。そう自分に言い聞かせてください。

ノートに関して褒めることが増えれば、子どもは必ず書くことが好きになります。そして、その気持ちこそが学力アップにつながっていくのです。

付録

ノート術がみるみるアップ！
親子の「合言葉」集

おうちの方へ

お子さんのノートを見るとき、この12の合言葉で楽しくやりとしながらサポートしてあげてください。
この他にも、親子でオリジナルの合言葉を作ってみるのもおもしろいと思います。

その① 日付を書く

親「最初に書くのは？」

子「今日の日付！」

(P99)

その② 見出しを大きく書く

親「ノートの出だしは？」

子「見出しでキメよう！」

(P103)

その③ 関連するページを書く

親「ノートと教科書はバラバラよりも？」

子「一緒がうれしい！」

(P108)

その⑥ 問題番号を書く

親「番地がない家は？」

子「場所がわからない！」

親「番号がない問題は？」

子「場所がわからない！」

(P113)

その⑤ 1マスや1行間を空ける

親「満員電車は？」

子「息苦しい！」

親「満員ノートは？」

子「見苦しい！」

(P119)

その⑥ 縦横の通りを揃える

親「タテヨコそろうと？」

子「気持ちいい！」

(P125)

この本で紹介した
12の「合言葉」リスト

その⑦ 無理に詰めない

親「町に空き地があると？」
子「住みやすい！」
親「ノートに空き地があると？」
子「見やすい！」

（P131）

その⑧ 箇条書きでまとめる

親「ダラダラ書くより？」
子「かじょう書き！」

（P137）

その⑨ 線で強調、区切りを作る

親「ノート上手は？」
子「線上手！」

（P143）

その⑩ キャラを使う

親「大事なところで？」
子「キャラ登場！」

（P147）

その⑪ 定規を使うところを限定する

親「きれいな線は？」
子「定規を使う！」

（P151）

その⑫ 文字の色は3色まで

親「信号の色は？」
子「赤、青、黄！」
親「ノートの色は？」
子「黒、赤、青！」

（P155）

【著者紹介】

親野智可等（おやの・ちから）

■—1958年生まれ。本名、杉山桂一。公立小学校で23年間教師を務める。教育現場の最前線に立つ中で、親が子どもに与える影響力の大きさを痛感。教師としての経験を少しでも役立ててもらいたいと、2003年10月よりメールマガジン「親力で決まる子供の将来」の発行を開始。具体的ですぐできるアイデアが多いと圧倒的な支持を受け、現在の発行部数は4万5000と、教育系メルマガ最大規模を誇る（09年4月現在）。まぐまぐメルマガ大賞の教育・研究部門で04～08年の5年連続1位。06年3月退職後は、講演や執筆に精力的に取り組んでいる。

■—主な著書に、『「親力」で決まる！』『「プロ親」になる！』『「親力」365日』（以上、宝島社）、『「叱らない」しつけ』（ＰＨＰ研究所）、『「楽勉力」で子どもは活きる！』（祥伝社）、『ドラゴン桜　わが子の「東大合格力」を引き出す7つの親力』『「否定しない」子育て』（講談社）他多数。

【著者ＨＰアドレス】

読者4万5千人の無料メルマガはＨＰから手続き30秒！

http://www.oyaryoku.jp　親力　検索

小学生の学力は「ノート」で伸びる！

2009年5月24日　第1刷発行
2009年6月17日　第4刷発行

著　者———親野智可等

発行者———八谷智範

発行所———株式会社すばる舎

東京都豊島区東池袋3-9-7 東池袋織本ビル　〒170-0013

TEL　03-3981-8651（代表）　03-3981-0767（営業部）

振替　00140-7-116563

http://www.subarusya.jp/

印　刷———株式会社シナノ

落丁・乱丁本はお取り替えいたします

ISBN978-4-88399-804-3 C0037